A religião na esfera pública brasileira: possibilidades e limites

SÉRIE PANORAMA DAS CIÊNCIAS DA RELIGIÃO

A religião na esfera pública brasileira: possibilidades e limites

Osiel Lourenço de Carvalho

RUA CLARA VENDRAMIN, 58 | MOSSUNGUÊ | CEP 81200-170 | CURITIBA | PR | BRASIL
FONE: (41) 2106-4170 | WWW.INTERSABERES.COM | EDITORA@INTERSABERES.COM

Conselho editorial | Dr. Alexandre Coutinho Pagliarini | Drª Elena Godoy | Mª Maria Lúcia Prado Sabatella | Dr. Neri dos Santos ‖ *Editora-chefe* Lindsay Azambuja ‖ *Gerente editorial* Ariadne Nunes Wenger ‖ *Assistente editorial* Daniela Viroli Pereira Pinto ‖ *Preparação de originais* Palavra Arteira Edição e Revisão de Textos ‖ *Edição de texto* Novotexto ‖ *Capa e projeto gráfico* Sílvio Gabriel Spannenberg | RugliG e Art suk36/Shutterstock (imagens) ‖ *Diagramação* Kelly Adriane Hübbe ‖ *Designer responsável* Sílvio Gabriel Spannenberg ‖ *Iconografia* Regina Claudia Cruz Prestes

Dados Internacionais de Catalogação na Publicação (CIP)
(Câmara Brasileira do Livro, SP, Brasil)

Carvalho, Osiel Lourenço de
   A religião na esfera pública brasileira : possibilidades e limites / Osiel Lourenço de Carvalho. -- Curitiba : Editora Intersaberes, 2023. -- (Série panoramas das ciências da religião)

   Bibliografia.
   ISBN 978-65-5517-048-1

   1. Democracia 2. Espaço público 3. Fundamentalismo religioso 4. Religião 5. Religião e filosofia 6. Religião e política I. Título. II. Série.

22-134661   CDD-261.7

Índices para catálogo sistemático:
1. Religião e política   261.7

Cibele Maria Dias – Bibliotecária – CRB-8/9427

1ª edição, 2023.

Foi feito o depósito legal.

Informamos que é de inteira responsabilidade do autor a emissão de conceitos.

Nenhuma parte desta publicação poderá ser reproduzida por qualquer meio ou forma sem a prévia autorização da Editora InterSaberes.

A violação dos direitos autorais é crime estabelecido na Lei n. 9.610/1998 e punido pelo art. 184 do Código Penal.

SUMÁRIO

8 | Apresentação
10 | Como aproveitar ao máximo este livro

13 | **1 Relações entre religiões: a herança de Israel e seus profetas**
13 | 1.1 Os primórdios da religião em Israel
25 | 1.2 A importância de Moisés na religião de Israel
41 | 1.3 O livro de Juízes
44 | 1.4 O livro de Reis
52 | 1.5 Os profetas e seu contexto político-social

68 | **2 A vida cristã: Agostinho de Hipona e Tomás de Aquino**
68 | 2.1 Biografia de Agostinho de Hipona
71 | 2.2 O pensamento agostiniano
77 | 2.3 Tomás de Aquino
81 | 2.4 O pensamento de Tomás de Aquino

95 | **3 O primado da religião sobre a política: Lutero e Calvino**
95 | 3.1 A biografia de Martinho Lutero
98 | 3.2 O percurso teológico de Lutero
108 | 3.3 O legado de Lutero
113 | 3.4 Biografia de João Calvino
117 | 3.5 O legado teológico de Calvino

127 | **4 A separação entre religião e política: Locke, Benjamin Constant e a perspectiva democrática-liberal**
127 | 4.1 Biografia de John Locke
129 | 4.2 Pensamento de Locke
132 | 4.3 Benjamin Constant e a liberdade dos antigos
135 | 4.4 Igreja e liberalismo
140 | 4.5 Compreensão da democracia

146 | **5 A religião e a política diante dos totalitarismos do século XX**
146 | 5.1 Origens do totalitarismo
152 | 5.2 Características do totalitarismo tradicional
155 | 5.3 O totalitarismo ou procedimentos totalitários na democracia
157 | 5.4 Religião e a arqueologia teológica do totalitarismo moderno
162 | 5.5 A política, a religião e o totalitarismo
164 | 5.6 Como combater o totalitarismo

169 | **6 Democracia, espaço público e os fundamentalismos religiosos atuais**
169 | 6.1 A presença da religião no espaço público
174 | 6.2 Religião e liberdade religiosa
182 | 6.3 Religião e liberdade religiosa no Estado brasileiro
190 | 6.4 Ensino religioso e proselitismo
194 | 6.5 Fundamentalismo religioso e suas consequências
202 | 6.6 Diálogo entre religião e Estado

211 | Considerações finais
213 | Referências
220 | Bibliografia comentada
222 | Respostas
227 | Sobre o autor

APRESENTAÇÃO

É com entusiasmo que apresentamos o livro *A religião na esfera pública brasileira: possibilidades e limites*, que tem como objetivo apresentar de forma geral as complexas relações entre religião e política. É um tema fascinante, mas, ao mesmo tempo, cheio de terrenos movediços, pois há pelo menos três tipos de pessoas que concebem de maneira diferente esse tema: 1) os que o demonizam; 2) os indiferentes; e 3) os participantes. Aqueles que demonizam o tema acreditam que é totalmente errado qualquer tipo de envolvimento de religiosos com questões políticas. O segundo grupo, historicamente, age com apatia em relação à coisa pública. Já os participantes são aqueles que não tem receio de se envolver com a esfera pública e com a política partidária.

Este livro é destinado a leitores, pesquisadores, estudantes, interessados em saber sobre as relações entre religião e esfera pública, além de discutir as implicações do fundamentalismo religioso. Nosso objetivo com esse texto não é o de trazer respostas prontas e fáceis para o tema, nem muito menos esgotá-lo. Como já mencionamos anteriormente, queremos descrever aspectos relevantes da religião e do religioso no espaço público. Em alguns momentos, usaremos como sinônimo de *espaço público* a expressão, também amplamente utilizada, *esfera pública*. Para compor nossa discussão, dividimos os temas de acordo com a seguinte estrutura:

- Capítulo 1 – "Relações entre religiões: a herança de Israel e seus profetas".
- Capítulo 2 – "A vida cristã: Agostinho de Hipona e Tomás de Aquino".

- Capítulo 3 – "O primado da religião sobre a política: Lutero e Calvino".
- Capítulo 4 – "A separação entre religião e política: Locke, Benjamin Constant e a perspectiva democrática-liberal".
- Capítulo 5 – "A religião e a política diante dos totalitarismos do século XX".
- Capítulo 6 – "Democracia, espaço público e os fundamentalismos religiosos atuais".

Logo no Capítulo 1, tentaremos mapear os primeiros vestígios da religião dos hebreus, passando pelo período patriarcal, a escravidão e a libertação do Egito, a liderança de destaque de Moisés, a peregrinação pelo deserto, a chegada em Canaã e o período dos juízes, encerrando com a atuação de profetas.

No Capítulo 2, veremos a importância da vida e obra desses destacados teólogos e em que medida a teologia deles se relaciona com o pensamento ocidental. No Capítulo 3, falaremos também de duas figuras de destaque na história do cristianismo e da extensão do legado desses reformadores.

No Capítulo 4, veremos as bases do Estado democrático de direito conforme ele é concebido hoje. Trataremos dos fundamentos do liberalismo e como ele influencia as democracias contemporâneas. Já no Capítulo 5, discutiremos um dos temas mais atuais de nosso tempo: o totalitarismo e a ameaça totalitária. Nosso grande referencial teórico para isso será a filósofa alemã Hannah Arendt.

No último capítulo, procuraremos apresentar os riscos de uma união entre religião e política com base em concepções fundamentalistas, que resultam em discursos de ódio, intolerância e proselitismo (tentativa de converter alguém, a qualquer custo, a seguir determinada crença religiosa).

Reafirmamos que, por questões de tempo e espaço não esgotaremos todos os temas, mas esperamos que as discussões aqui apresentadas sirvam para despertar gatilhos para futuros aprofundamentos.

Boa leitura!

COMO APROVEITAR AO MÁXIMO ESTE LIVRO

Empregamos nesta obra recursos que visam enriquecer seu aprendizado, facilitar a compreensão dos conteúdos e tornar a leitura mais dinâmica. Conheça a seguir cada uma dessas ferramentas e saiba como elas estão distribuídas no decorrer deste livro para bem aproveitá-las.

> **RELAÇÕES ENTRE RELIGIÕES: A HERANÇA ISRAEL E SEUS PROFE**
>
> Neste primeiro capítulo iremos abordar as relações a herança de Israel e seus profetas. Fundamental a der os aspectos mais relevantes da formação do identificaremos os primórdios da religião judaic construída desde o período patriarcal, passando

Introdução do capítulo
Logo na abertura do capítulo, informamos os temas de estudo e os objetivos de aprendizagem que serão nele abrangidos, fazendo considerações preliminares sobre as temáticas em foco.

> **IMPORTANTE!**
> Desde sua conversão, Agostinho sempre deu ênfase à soberania de Deus. Não foi ele quem escolheu Deus, m; escolheu Agostinho. Mas como relacionar a soberania c com a liberdade humana? Para isso é importante conhec concepção de Agostinho de livre-arbítrio. De acordo com agostiniana, o livre-arbítrio foi enfraquecido pelo pecado não foi completamente eliminado. Para que o livre-arbítrio taurado, é necessária uma ação divina no homem. O livre-existe, no entanto, encontra-se distorcido em razão do p
>
> Agostinho argumenta que o livre-arbítrio tem a tendê escolher o mal. Ou seja, o livre-arbítrio é capaz de tomar d todavia, tem uma propensão para o mal. Sendo assim, t homens são dotados de livre-arbítrio, porém, ele está pelo pecado.
>
> Pelágio, um cristão que vivia em Roma, começou a

Importante!
Algumas das informações centrais para a compreensão da obra aparecem nesta seção. Aproveite para refletir sobre os conteúdos apresentados.

Conhecer os profetas maiores (Isaías, Jeremias, Ezequiel e D
sua mensagem e seu tempo é entender o cumprimento d
promessas com Isaías, a ida do povo para o cativeiro em Jer
a promessa de restauração em Ezequiel, a dor e a esperan
Lamentações e o futuro em Daniel.

Preste Atenção!
Os profetas menores são: Oseias, Joel, Amós, Obadias, Jon
queias, Naum, Habacuque, Sofonias, Ageu, Zacarias e Mala
Provavelmente você já deve ter ouvido falar sobre os pr
menores, cuja classificação foi dada por Agostinho de Hipo
século IV d.C., como uma forma de organizar sistematicame
livros proféticos do Antigo Testamento em dois grupos: pr
maiores e profetas menores. Os profetas menores foram emis
da mensagem de Deus para o Reino do Norte, o Reino do S
nações próximas a Israel.

Por meio da vida dos profetas foi cumprido o grande pro
profético de Deus nos dias veterotestamentários. Em razão
vidade de tempo e espaço, descreveremos o contexto políti

Preste atenção!
Apresentamos informações complementares a respeito do assunto que está sendo tratado.

mis em camas de marfim, e vos estendeis sobre os vossos l
comeis os cordeiros do rebanho e os bezerros do meio da m
que bebeis vinhos em taças e vos ungis com o mais excelen
mas não se sentem afligidos pela ruína da casa de José" (Am

Síntese
Neste capítulo, vimos os primórdios da religião antiga do
litas e a importância da figura de Moisés para a estrutura
referida religião. Além disso, pudemos verificar que a Lei d
sés se tornou a matriz de todo o corpo doutrinário dos isr
pautando suas ações morais e religiosas. Entretanto, os p
também exerceram uma contribuição de destaque na for
religiosa do povo de Israel, pois, com seus oráculos, adve
os israelitas de que estes deviam prestar culto exclusiva
a Deus. Tal postura consolidou a crença no monoteísmo (
um Deus), criando também uma singularidade religiosa e
israelitas, tendo em vista que outras nações, como os ca
eram politeístas (crença em mais de um Deus).

Síntese
Ao final de cada capítulo, relacionamos as principais informações nele abordadas a fim de que você avalie as conclusões a que chegou, confirmando-as ou redefinindo-as.

166 *A religião e a política diante dos totalitarismos do século XX*

como messianismo e purificação das raças. Além disso, vim
a ameaça totalitária ainda é uma realidade em nosso tempo
isso mesmo, é necessário sempre estar alertas na manuten
uma esfera pública democrática e plural.

Atividades de Autoavaliação
1. Assinale a alternativa que apresenta a afirmação corre
   a) Com forte influência agostiniana, a filósofa alemã H
      Arendt (2012) afirma que a natureza humana está er
   b) Em seu livro, Hannah Arendt (2012) procurou faze
      descrição histórica das origens do marxismo.
   c) A democracia é um dos principais elementos do totalit
   d) O totalitarismo possui bases apenas seculares, nã
      gando com premissas e categorias religiosas.
   e) O totalitarismo foi uma realidade presente apenas
      manha nazista.
2. Assinale a alternativa que apresenta a afirmação corre

Atividades de autoavaliação
Apresentamos estas questões objetivas para que você verifique o grau de assimilação dos conceitos examinados, motivando-se a progredir em seus estudos.

ATIVIDADES DE APRENDIZAGEM

Questões para reflexão
1. Em sua opinião, há fundamentalismo religioso no Brasil
2. Quais são as consequências do fundamentalismo no en religioso brasileiro?

Atividade aplicada: prática
1. Encontre uma matéria jornalística na internet que desc as relações entre fundamentalismo e intolerância relig Lembre-se de colocar a fonte do *site* consultado.

Atividades de aprendizagem
Aqui apresentamos questões que aproximam conhecimentos teóricos e práticos a fim de que você analise criticamente determinado assunto.

BIBLIOGRAFIA COMENTADA

ARENDT, H. **As origens do totalitarismo**. Tradução de Roberto Raposo. São Paulo: Companhia das Letras, 2012.
Essa é uma das mais importantes obras sobre totalitarismo escrita no século XX. A filósofa Hannah Arendt escreve com bastante perspicácia e profundidade sobre como nascem e são estruturados os regimes totalitários. Além disso, a obra é um alerta para os perigos e as possibilidades de ascensão de novos governos autoritários.

GONZÁLEZ, J. L. **Uma história do pensamento cristão**. Tradução de Paulo Arantes e Vanuza Helena Freire de Mattos. São Paulo: Cultura Cristã, 2004. v. 1: do início até o Concílio de Calcedônia.
Trata-se de uma obra que apresenta o desenvolvimento do pensamento cristão desde os tempos da Igreja Primitiva até as formulações teológicas do Concílio de Calcedônia, abrangendo, portanto,

Bibliografia comentada
Nesta seção, comentamos algumas obras de referência para o estudo dos temas examinados ao longo do livro.

RELAÇÕES ENTRE RELIGIÕES: A HERANÇA DE ISRAEL E SEUS PROFETAS

Neste primeiro capítulo iremos abordar as relações entre religiões: a herança de Israel e seus profetas. Fundamental aqui é compreender os aspectos mais relevantes da formação do povo. Para isso, identificaremos os primórdios da religião judaica que foi sendo construída desde o período patriarcal, passando pela escravidão no Egito até a peregrinação no deserto.

Os líderes do povo de Israel foram de grande relevância na estruturação religiosa. Moisés, o líder libertador, e, posteriormente, os juízes ajudaram na consolidação do primeiro rol de crenças hebraicas. E, por fim, os profetas eram aqueles que chamavam a responsabilidade quando o povo se distanciava da Lei de Moisés. Essa construção religiosa é de suma importância para a compreensão da sociedade civil do povo de Israel, pois religião e estado no contexto israelita eram faces de uma mesma moeda.

1.1 Os primórdios da religião em Israel

Descreveremos os primórdios da religião de Israel a partir do chamado *período patriarcal*. O referido período começa no capítulo 12 do Gênesis, tendo como personagem principal Abraão. Enquanto os primeiros 11 capítulos trataram de acontecimentos universais, narrando o progresso do pecado e suas consequências, os últimos 39 capítulos retratam a gênese da formação de Israel, como povo escolhido para testemunhar a fé no único Deus, sendo referência para os outros povos da Terra. O termo *patriarcal* está atrelado ao sentido de *pais*, sendo Abraão, Isaque e Jacó considerados os precursores do povo de Israel. A importância dos patriarcas se dá pelo fato de terem sido os primeiros canais de transmissão das promessas de Deus.

Nesse período, os patriarcas, em sua estrutura social, eram nômades e seminômades, migrando para vários lugares, ainda em busca de uma identidade atrelada a uma terra. O conceito de nação era apenas um sonho para eles, alimentado pela promessa que Deus fizera a Abraão. Enxergavam-se como uma grande família. A ideia de nação começa a tomar forma com a multiplicação do povo hebreu durante o tempo de cativeiro no Egito; naquele momento, não se tratava mais de uma grande família, mas de uma multiplicação de grandes famílias que, juntas, formavam um povo numeroso, embora esse povo não tivesse autonomia política nem terra própria, o que exigia a necessidade de uma libertação e a benção da Terra Prometida para que de fato se tornasse uma nação.

A organização do povo hebreu nesse período estava fundada em torno da liderança patriarcal. Os patriarcas hebreus reuniam em si diversas funções, como as de chefe militar, sacerdote, educador e líder político. É nesse período que se forma e consolida a fé monoteísta de um Deus soberano e pessoal para o povo hebreu. Deus se manifesta aos patriarcas e lhes faz promessas. Estabelece alianças. Oferece aos patriarcas a possibilidade de um relacionamento pessoal por meio do cultivo da adoração e da fé. O período patriarcal vai de Abrão ao Êxodo. Concomitantemente à história da formação do povo de Israel encontra-se a revelação de um Deus Criador e Poderoso que intervém na história humana para comunicar o seu plano salvífico para a humanidade.

Cerca de 400 anos após o dilúvio[1], Deus se revela a Abraão, convidando-lhe a seguir o chamado pela fé. Abraão era oriundo de Ur dos Caldeus, uma região idólatra. Seu pai, Terá, é apresentado na Bíblia como alguém que estava imerso em um ambiente de idolatria (Js 24,2)[2]. Deus convoca Abraão para sair daquele cenário de paganismo. A transição do período pré-patriarcal para o período patriarcal se dá mediante uma ordem divina que vem sustentada por verbos no futuro do presente que tem Deus como sujeito, como "far-te-ei" e "abençoar-te-ei". Enquanto os construtores da Torre de Babel[3] foram confundidos por se guiarem por um projeto que afrontava princípios divinos estabelecidos, Abraão foi honrado por abraçar o projeto divino, vivendo não em torno de si, mas da promessa, demonstrando, desse modo, sua dependência divina.

Aos 75 anos, Abraão partiu em direção à terra de Canaã, levando consigo sua esposa Sara, a companhia de seu sobrinho Ló, além de todos os seus servos e bens adquiridos (Gn 12,4-5). Ao chegar à região da Palestina, instalou-se próximo às regiões de Betel, Hebrom e Berseba. Porém, como a região estava padecendo com a fome, rumou para o Egito em busca de sobrevivência. A narrativa bíblica não apresenta Abraão como um herói invulnerável; na verdade, ele é descrito como um homem frágil, com medos e temores, sendo constantemente desafiado a viver pela fé. Por isso, o israelita dos tempos bíblicos se identificava tanto com Abraão. Em diversos momentos o Senhor renovou a aliança com ele a fim de fortalecê-lo para perseverar. As promessas divinas lhe eram constantemente relembradas.

Isaque, filho de Abrão e Sara, nasceu como fruto de uma promessa divina. Abraão tinha 100 anos quando Isaque nasceu. Seu

---

1   De acordo com a narrativa bíblica e a tradição cristã, o dilúvio teria sido universal e apenas a família de Noé teria sobrevivido ao cataclisma.
2   Todas as passagens bíblicas indicadas ao longo deste capítulo, inclusive as citações diretas, foram extraídas da versão Almeida, revista e corrigida: Bíblia (1995).
3   Os construtores da Torre de Babel foram descendentes de Noé, após o dilúvio.

nome significa "riso", indicando a alegria que o filho da promessa trouxe aos seus pais idosos. O filho de Abraão se tornou o centro de toda esperança em relação às promessas de Deus. Tudo passava por Isaque. É nesse momento da biografia de Abraão que ele vive sua prova de fogo. A maior tensão experimentada pelo pai da fé se dá quando Deus pede Isaque em sacrifício à Abraão. Abraão precisava dar provas de confiança total e exclusiva ao Deus que lhe chamou e lhe abençoou com a paternidade, demonstrando fé na fidelidade divina que poderia poupar a vida do seu filho ou ressuscitá-lo dos mortos (Ellisen, 2008).

Após 25 anos de espera pelo nascimento do herdeiro, Abraão foi provado mediante a ordem de Deus. Sem hesitar ou pensar duas vezes, ele conduziu o seu filho para o local de sacrifício; quando tudo estava sendo preparado, Deus interveio no drama narrativo, declarando que aquele ato de obediência provou que Abraão temia a Deus, sendo esse um modo de dizer que sua vida estava baseada em Deus.

> A história do sacrifício de Isaque, que quase foi consumado, tem sido tema de discussão acalorada entre os teólogos desde tempos remotos. Não é do feitio de Deus exigir o sacrifício humano e, na verdade, ele não exigiu. Ele simplesmente deixou Abraão pensar que estava exigindo isso. (MacDonald, 2010, p. 68)

Sabemos que as religiões da época praticavam o sacrifício humano, mas, nesse texto relatado nas Escrituras, Deus impediu o sacrifício de Isaque para ensinar a diferença da adoração aceitável ao único Deus verdadeiro. A fidelidade de Abraão foi demonstrada, a vida de Isaque foi poupada, um cordeiro para o sacrifício foi providenciado e uma grande lição foi eternizada na história. Essa experiência difícil catapultou Abraão ao *status* de pai da fé, bem como o fez referência de uma grande nação chamada a crer nesse mesmo Deus, em atitude similar à desse patriarca. Abraão teve outros filhos: Zinrã, Jocsã, Medã, Midiã, Jisbaque e Suá (Gn 25,2). Viveu até os 175 anos e foi sepultado por Isaque e Ismael no campo de Efrom (Gn 25,7).

Isaque é o segundo dentre os três patriarcas de Israel. Está situado entre dois homens extraordinariamente dinâmicos, seu Pai, Abraão, e seu filho, Jacó. Wiersbe (2006, p. 238) declara que, "apesar de ter vivido mais tempo que Abraão ou Jacó, o registro de Gênesis dedica apenas seis capítulos à vida de Isaque e só há um versículo sobre ele em Hebreus" (Hb 11,9). É o único dos patriarcas cujo nome não mudou, até porque seu nome foi resultado de um anúncio angelical associado à notícia do seu nascimento. Somente quatro homens em toda a Bíblia tiveram o nascimento e nome anunciado por um anjo da parte do Senhor, são eles: Isaque, Sansão, João Batista e Jesus.

Ele é o único dentre os três patriarcas de Israel que jamais se mudou de Canaã, toda sua vida se deu no ambiente da Terra Prometida. Filho de Abraão, herdeiro da promessa, tinha a missão de levar adiante a fé de seu pai, retransmitindo-a às demais gerações. Embora Isaque fosse o segundo filho de Abraão (Gn 16,15), foi o primeiro e único filho de Sara. Abraão teve muitos outros filhos, mas Isaque foi o herdeiro direto da promessa divina. Foi o filho por quem Abraão esperou 25 anos (Gn 21,1-4); o filho que Abraão amou, só não lhe amando mais do que ao próprio Deus (Gn 22,1-11). Isaque foi o patriarca mais longevo, tendo morrido quando tinha 180 anos. Sua história está registrada nos capítulos 21 a 27 do livro do Gênesis.

Após oito dias de nascimento, Isaque foi apresentado a Deus para ser circuncidado, no afã de estar em conformidade com a aliança do Senhor (Gn 21,1-5). Quando ainda era jovem, foi conduzido por Abraão ao monte Moriá, sendo testemunha direta da prova de fogo em que seu pai foi submetido (Gn 22,1-14). Tanto a vida de Abraão quanto a vida de Isaque ilustram para o leitor uma vida de fé. A narrativa bíblica demonstra como Deus executa suas promessas e seus desígnios, apesar dos obstáculos e desafios ao seu cumprimento.

Ao completar 40 anos, Eliezer, mordomo de Abraão, foi enviado à Mesopotâmia à procura de uma esposa para Isaque, oriunda da família de Betuel, sobrinho de Abraão. Era mais uma oportunidade para Abraão exercitar a sua fé (Gn 24,7), na escolha de uma boa esposa para seu filho. Segundo a tradição daquela época, cabia ao pai preparar o casamento de seu filho. Abraão, conhecedor das promessas de Deus, antevia a importância de Isaque casar-se com uma mulher que valorizasse o pacto de Deus. Desejava que a esposa de seu filho fosse de sua parentela, e não uma mulher pagã da Cananeia. Halley (2002, p. 87) declara: "Se Isaque tivesse casado com uma moça cananeia, quão diferente poderia ter sido a história de Israel"! Rebeca foi a escolhida. "A disposição de Rebeca em seguir o servo também reflete fé na vontade soberana de Deus" (Ellisen, 2008, p. 192).

Depois de um casamento de duas décadas com Rebeca, Isaque experimentou a mesma provação de seu pai. Sua esposa também era estéril. Apesar de já estarem juntos há 20 anos, Rebeca ainda não havia dado à luz um filho. Isaque precisou orar a Deus e exercitar a sua fé. Rebeca engravidou e experimentou uma benção dobrada, deu à luz gêmeos. Os meninos receberam os nomes de Esaú e Jacó. Isaque tinha 60 anos quando seus filhos nasceram (Gn 25,26).

Schultz (1995, p. 36) declara que, "embora Isaque tivesse herdado as riquezas de seu pai e tivesse prosseguido no mesmo padrão de vida, é interessante notar que ele se ocupou da agricultura, perto de Gerar". Enquanto Abraão se ocupou dos rebanhos, Isaque cultivou o solo, colhendo safras prósperas. Seu enriquecimento súbito excitou a inveja dos filisteus, de modo que Isaque se viu obrigado a sair daquela região (Gn 26,12-16). Todavia, a mudança geográfica não representa declínio de prosperidade para Isaque. A benção de

Deus continua sobre a vida dele, apesar das situações inopinadas de perseguição e inveja. Nesse momento da narrativa bíblica, Isaque decide revisitar os lugares pelos quais seu pai havia passado. Em um tempo de fome e seca, ao ser expulso da terra de Gerar, controlada pelo Rei Abimeleque, Isaque se voltou para os poços que seu pai havia cavado e, ao perceber que estes estavam entulhados, começou a desenterrá-los (Gn 26,17-23). O esforço trouxe resultados rápidos. Isaque encontrou água nesses poços, tornando-se um homem próspero. Assim, ele cavou poços até Berseba, onde fez um pacto com Abimeleque, assim como seu pai (Gn 26,26-30). Faleceu aos 180 anos em Hebrom, sendo sepultado por seus filhos Jacó e Esaú (Gn 35,28-29).

Jacó é o terceiro dos patriarcas do povo judeu. Losch (2008, p. 215) diz que "Jacó é um dos personagens mais queridos da Bíblia, talvez seja um exemplo da misericórdia do Deus que opera grandes obras por meio de homens muito falhos". É o filho gêmeo mais novo de Isaque com Rebeca. Sua história ganha grande espaço na narrativa do Gênesis, comprimindo a própria biografia de Isaque. Conforme Ellisen (2008), o significado do nome de Jacó está atrelado ao seu nascimento: *Jacó* vem do hebraico *ya'aqob* e significa "ele agarrava" ou "ele agarra", pelo fato de ter segurado o calcanhar de seu irmão Esaú durante o nascimento (Gn 25,21-28). Seu nome também esteve atrelado à ideia de "suplantador" (Richards, 2004, p. 99).

Jacó ganha destaque na narrativa bíblica em comparação a Esaú porque herdou a promessa feita a Abraão e Isaque (Gn 25,23). "Foi dada à Rebeca a profecia de que os dois filhos seriam os fundadores de duas nações antagônicas: a nação que descenderia do mais velho serviria à nação que surgiria do mais novo, ou dela dependeria" (Losch, 2008, p. 215). Aqui há uma explícita quebra divina de um costume antigo de favorecer o filho mais velho, indicando a escolha da parte de Deus por Jacó como herdeiro da promessa. A profecia se concretizou no desenrolar da narrativa bíblica.

Era um costume do Oriente Antigo o pai entregar a maior herança ao filho primogênito, que também recebia uma série de privilégios e responsabilidades. Em uma época em que as famílias se organizavam em torno do patriarcado, o filho primogênito herdava o bastão paterno no que diz respeito à posição de chefe social e religioso da família. O texto bíblico aponta que, embora Esaú tivesse esse direito segundo o costume legal da época, ele não deu tanta importância para a posição, diferente da atitude de Jacó, que desejava ardentemente herdar esse direito. Descobertas arqueológicas têm comprovado que era comum aos familiares negociarem o direito à primogenitura (Schultz, 1995). O mesmo aconteceu entre Jacó e Esaú. Jacó aproveitou-se da fome, fadiga e exaustão de Esaú – após uma infrutífera expedição de caça de seu irmão – e comprou-lhe o direito de primogenitura em troca de um irrisório guisado de lentilhas. De acordo com o relato bíblico, Esaú desprezou a sua primogenitura, demonstrando um irreal senso de valor (Gn 25,29-34).

A história dos dois irmãos retorna ao centro da narrativa do Gênesis no capítulo 27, quando Isaque já estava com uma idade avançada e desejou reunir os seus filhos para transmitir a benção patriarcal. Esaú era o filho que mais cativava Isaque, enquanto Jacó era mais próximo de Rebeca (Gn 25,28). O idoso Isaque pediu a Esaú que lhe prepare um prato. Para obedecer à ordem do pai, Esaú saiu para caçar; nesse momento, Rebeca, mancomunada com Jacó, instruiu esse filho, por meio de um plano, para receber a benção patriarcal no lugar de seu irmão Esaú. Aproveitando-se da cegueira de Isaque, Jacó se passou pelo irmão, contando com o apoio direto de sua mãe. Assim, Jacó recebeu a benção de Isaque (Gn 26,1-46). A benção era considerada irrevogável e, mesmo depois, diante da descoberta de Isaque e Esaú, nada poderia ser feito (Gn 27,37-38). Sobre esse assunto, Losch (2008, p. 40) pondera:

> Muito mais importante do que o direito de primogenitura, que simplesmente passava os bens e títulos de pai para filho, era a benção do pai. Isto significava passar oficialmente os direitos espirituais e definia a liderança da tribo ou clã. Além disso, os hebreus acreditavam que a benção do pai no leito de morte determinava o caráter e o destino de quem recebia.

Esse evento causou um cisma familiar gigantesco, inviabilizando a relação de irmandade entre Jacó e Esaú. Também causou consequências gigantescas ao longo da história, marcando inclusive uma rivalidade interminável entre os edomitas (descendentes de Esaú) e os israelitas (descendentes de Jacó). Esaú ficou enfurecido e transtornado, a ponto de planejar tirar a vida de Jacó após a morte do pai (Gn 27, 41). Esaú não se condoeu ao perder a primogenitura, mas ficou revoltado ao perder a benção patriarcal (Gn 27,42-46).

Ao fugir de Esaú, Jacó iniciou uma peregrinação que resultou em um encontro com Deus e que transformou a sua vida. Jacó foi em direção à casa de seus parentes em Harã. Durante a viagem, ele teve uma revelação em forma de visão noturna, por meio da qual Deus lhe confirmava a promessa feita a Abraão (Gn 28). Deus se revelou a Jacó, identificando-se como "o Deus de seu pai Abraão e o Deus de Isaque" (Gn 28,13). Nessa aparição, Deus lhe disse que as promessas se estendiam a sua semente (descendência). Deus prometeu estar constantemente presente na vida de Jacó (Gn 28,14-15). Fica claro que Jacó é identificado no texto como o herdeiro da promessa.

Ao chegar a Harã, Jacó foi recepcionado e acolhido pela família de Labão, seu tio. Nessa ocasião, conheceu a sua prima Raquel e se encantou por ela. Tornou público o desejo de se casar com Raquel, mas para isso deveria pagar um dote, que poderia ser acordado em tempo de trabalho. A negociação estipulou sete anos de trabalho. Findo o período de trabalho, Jacó percebeu que foi enganado por Labão, pois, segundo o costume da região, a filha mais nova (Raquel) não poderia se casar antes da irmã mais velha (Lia ou Leia). Assim, Jacó teve de trabalhar mais sete anos para que pudesse se casar com Raquel (Gn 29,9-31). Logo após, o texto bíblico menciona o crescimento da família de Jacó, que teve 11 filhos, gerados por suas duas esposas e pelas servas delas, segundo o costume da época. Leia era mãe de Rúben, Simeão, Levi, Judá, Issacar, Zebulom e Diná. Com Zilpa, criada de Leia, Jacó teve os filhos Gade e Aser. Bila, criada de Raquel deu dois filhos a Jacó: Dã e Naftali (Gn 29,32 a 30,26). Raquel também experimentou um milagre, tendo sua madre (ventre) aberta após clamar a Deus; assim, foi mãe de José e Benjamim, tendo o último nascido já em Canaã (Gn 30,22; 35,16-18).

Jacó passou a residir na Palestina, enquanto seu irmão Esaú foi a Seir (Gn 33,16). Os últimos anos de vida de Jacó foram agitados. Sua amada esposa Raquel faleceu no parto do seu último filho, Benjamim (Gn 35,19). Vivenciou um tempo conturbado por causa dos conflitos de seus filhos Simeão e Levi com os filhos de Hamor, diante da violência sofrida por sua filha Diná (Gn 34); seu filho Rúben o desrespeitou, deitando-se com Bila, sua concubina (Gn 35,22); por fim, foi afastado do convívio com o filho que mais amava mediante uma mentira contada por seus outros filhos (Gn 37,31-36). Depois de muitos anos, voltou a se encontrar com José no Egito, onde foi bem recebido e passou a morar com toda a sua família.

José ficou conhecido na história bíblica como *José do Egito* por causa da exaltação que viveu estando no Egito. Baxter (1992) declara que temos em Abraão a vida de fé, em Isaque, a vida de filiação, em Jacó, a vida de serviço. A história de José é contada nos capítulos 37 a 50 do Gênesis. Foi o 11º filho de Jacó, com certeza o mais aguardado, já que era o primeiro filho com Raquel, a esposa que Jacó mais amava. Além disso, era o filho da velhice de Jacó, tendo nascido em Padã-Harã, quando o pai tinha 90 anos de idade, 6 anos antes de retornar à Canaã (Gn 37,3).

O texto bíblico indica a predileção de Jacó por José e relata como isso provocava um descontentamento e grande incômodo por parte dos seus irmãos (Gn 37,4). José reascendeu a ira e a inveja dos seus irmãos ao compartilhar os sonhos que tinha tido. Nos dois sonhos respectivos, viu sua família se prostrando diante dele (Gn 37,6-9). Hoff (1983, p. 65) declara que o propósito de Deus ao transmitir esses sonhos foi introduzir a José a convicção de que Deus tinha um grande propósito em sua vida, sendo que, mais tarde, nos períodos adversos, esses sonhos foram uma fonte de sustentação espiritual para o filho de Jacó. Motivados pela inveja, os irmãos de José elaboraram um plano ardiloso: o objetivo era matá-lo, mas, diante da intervenção de Rúben – seu irmão mais velho –, resolveram vendê-lo como escravo para uma caravana de ismaelitas-midianitas que passava pelo local e tinha como destino o Egito. Chegando ao Egito, José foi vendido como escravo a Potifar, oficial do faraó (Gn 37,23-28).

O jovem José, distante de sua família, na condição de escravo, começou a trabalhar como supervisor da casa de Potifar (Gn 39,4). Seu trabalho se destacou de modo que Deus abençoou a casa de Potifar por amor a José (Gn 39,5). Após ter sido assediado pela esposa de Potifar e não cedendo à tentação, antes fugindo por causa do seu temor a Deus, José se viu em grande dificuldade quando a mulher, sentindo-se rejeitada, levantou uma falsa acusação contra ele (Gn 39,12-19). Sem mecanismos para se defender da acusação, afinal de contas, era a palavra de um jovem escravo contra a palavra da esposa do oficial do faraó, que provavelmente estava ligado ao sistema judiciário egípcio, José foi, imediatamente, enviado para a prisão (Gn 39,20). Estando ali, ocupou uma posição de destaque entre os presos e passa a colaborar com a organização e a administração da prisão, melhorando consideravelmente o ambiente por meio de sua liderança e visão (Gn 39,21-23).

Durante o período de seu aprisionamento injusto, José ficou conhecido como intérprete de sonhos. Wiersbe (2006) declara que a capacidade de interpretar sonhos era uma aptidão extremamente respeitada naquela época. Na prisão, o filho de Jacó interpreta o sonho de dois funcionários da corte do faraó: o padeiro e o copeiro. Enquanto o copeiro seria restituído a sua função no palácio em um espaço de três dias, o padeiro seria executado segundo a interpretação. O sonho se cumpriu para ambos (Gn 40). Após dois anos, o faraó teve um sonho que ninguém conseguiu interpretar (Gn 41,1-8). Nesse momento, o copeiro lembrou-se de José. Ao saber da existência de um intérprete de sonhos na prisão, o faraó convocou José ao palácio (Gn 41,9-14). Ao contar-lhe o sonho e receber a interpretação, o faraó ficou impressionado com a sabedoria de José e o nomeou governador do Egito, abaixo apenas do próprio faraó no que dizia respeito à hierarquia do Egito (Gn 41,41).

José não apenas interpretou o sonho, mas apresentou soluções concretas por meio de um plano de provisões para sustentar a população egípcia diante do desafio iminente. O faraó reconheceu o favor de Deus sobre José e, desse modo, este ocupou o principal cargo administrativo do Egito, sendo encarregado do tesouro, da justiça, da execução e da supervisão dos decretos reais. Recebeu o nome egípcio de *Zafenate-Paneia* (Gn 41,45) e casou-se com Azenate, com quem teve dois filhos: Manassés e Efraim (Gn 41,45-52). Apesar de ter se casado com uma mulher pagã que não pertencia ao seu povo e de ter ocupado uma posição de destaque em um reino pagão, José sempre se manteve fiel à fé dos patriarcas que o antecederam.

A fome se alastrou pela Terra (Gn 41,53-54). Espalhou-se a notícia de que o Egito era o único local com estoque de mantimentos (Gn 42,1). Premidos pela necessidade, os filhos de Jacó foram ao

Egito em busca de alimento, com exceção de Benjamim, que ficou com Jacó (Gn 42,1-3). José reconheceu seus irmãos, embora não tivesse sido reconhecido por eles (Gn 42,7-8). "Doze ou mais anos tinham-se passado. O esguio jovem que venderam transformara-se em um homem adulto. Estavam diante dele, a figura mais importante da terra do Egito. Sua linguagem, suas roupas, seu porte de oficial e sua posição serviram-lhe de disfarce"(Richards, 2004, p. 120).

Nesse momento da narrativa bíblica, José vivia internamente um grande drama, sendo confrontado com a necessidade do perdão. Após alguns testes de sua parte, sua identidade foi revelada aos irmãos, marcando aquele momento com grande emoção (Gn 45). Depois da reconciliação, José trouxe toda sua família para o Egito, cuidando de todos em um período calamitoso (Gn 47,1-28). Assim, Jacó mudou-se para o Egito, onde veio a falecer depois de um tempo. Antes disso, ele abençoou José e seus dois filhos (Gn 48,1-22). José cuidou do sepultamento do seu pai e, após embalsamá-lo – segundo o costume egípcio –, sepultou-o em Canaã conforme o desejo do pai expresso em vida (Gn 50).

1.2 A importância de Moisés na religião de Israel

IMPORTANTE!

A história do povo de Israel começa no Êxodo de uma forma contrastante em comparação com o término do Gênesis; o ponto de conexão entre os relatos está na geografia do local: eles permanecem no Egito. Há uma separação cronológica de aproximadamente quatro séculos. O tempo justifica o crescimento numérico dos hebreus e a mudança da condição de tratamento no Egito. Enquanto no Gênesis eles foram abençoados por Deus sob a liderança de José, agora, no Êxodo, encontram-se subjugados em terras egípcias (Schultz, 1995).

> Há um lapso de tempo considerável entre os dois livros. Quando as cortinas se fecham em Gênesis, o povo de Deus se compõe de uma família de tamanho moderado que prosperava na terra do Egito. Quando a ação se inicia no Êxodo, os israelitas são um grupo grande, uma nação, vivendo em escravidão e opressão cruel. (House, 2005, p. 127)

O crescimento dos descendentes de Jacó foi expansivo e vertiginoso, resultado direto da promessa feita a Abraão de descendência numerosa (Ex 1,7; Gn 15,6). Os egípcios interpretaram esse aumento como uma ameaça e, como resultado, os hebreus foram subjugados militarmente e submetidos à escravidão (Ex 1,7-14). Desse modo, o drama do cativeiro é introduzido ao relato. O novo governo não conheceu José (Ex 1,8); essa é uma forma simples de o texto bíblico dizer que os tempos eram outros.

Acredita-se que, próximo à metade do século XVI a.C., os *hicsos* – nome egípcio para invasores estrangeiros – foram expulsos daquela terra mediante revolta dos autóctones egípcios liderados por Amhose I, declarado então como novo faraó. A política dessa nova dinastia que assumira o poder destinava um tratamento diferente aos estrangeiros, uma vez que o Egito tinha vivido a recente experiência com forasteiros assumindo o poder e não estava disposto a permitir o retorno de acontecimentos similares (Schultz, 1995).

Schultz (1995, p. 70) esclarece:

> Nos dias de José, os israelitas, que tinham interesses pastoris, receberam as áreas mais férteis do delta do Nilo. Os invasores hicsos, que também era um povo pastoril, provavelmente se dispuseram favoravelmente em relação aos israelitas. Com a

expulsão dos hicsos, os governantes egípcios adquiriram maior poder, e com o tempo deram início à opressão contra os israelitas. Um novo governante, não familiarizado com José, não se interessava pessoalmente por Israel, mas introduziu regras cujo desígnio era aliviar seus temores de um levantamento israelita. Em resultado, o povo escolhido foi consignado a trabalho árduo, tendo de edificar cidades-tesouro com Pitom e Ramsés (Ex 1.11).

A proposta do novo faraó era enfraquecer o povo hebreu, privando-lhe de qualquer possibilidade de liberdade e autonomia (Ex 1,10-11).

Além de o povo ter sido submetido a uma jornada de trabalho extenuante, cujo propósito era impedir a expansão da força hebraica, o faraó emitiu um decreto em que todos os meninos que nascessem nas famílias hebreias deveriam ser mortos. Somente as meninas deveriam ser poupadas (Ex 1,15-22). Os hebreus eram torturados com leis desumanas. Sob um olhar teológico abrangente, encontramos nesse momento uma conspiração diabólica que atentava contra a linhagem de Abraão e os desdobramentos futuros que foram revelados no Novo Testamento com a manifestação de Jesus Cristo (Baxter, 1992).

É nesse momento dramático da história que nasce o menino Moisés, filho de Anrão e de sua esposa Joquebede, ambos descendentes de Levi. Por três meses Moisés foi escondido[4] por seus pais, os quais não viram uma solução, a não ser colocar o menino numa cesta nas águas do Rio Nilo, monitorado de longe por sua irmã Miriã (Ex 2,1-10). A providência divina se incumbiu de colocar a filha do faraó no itinerário da criança. Ao ouvir o choro do bebê, ela resgatou a criança, dando-lhe o nome de *Moisés*, cujo significado bíblico é "retirado" ou "tirado das águas" (Schultz, 1995,

---

4   Moisés foi escondido porque sua mãe o considerava uma criança formosa e temeu que pudessem retirá-lo dela.

p. 58). A mãe biológica tornou-se ama de Moisés por providência divina e devido ao conhecimento de Miriã sobre a indentidade do menino (Ex 2,7-9). Moisés, escolhido por Deus para ser o libertador do povo de Israel, cresceu no palácio egípcio sendo tratado como filho da filha do faraó (Hebreus 11,24-26).

Quando adulto, ao passar pelas terras egípcias visitando seus irmãos hebreus, Moisés viu um hebreu sendo ferido por um soldado egípcio e imediatamente interveio no litígio, matando o egípcio. A notícia chegou ao faraó, obrigando Moisés a fugir para a terra de Midiã (Ex 2,15). Em uma terra estrangeira, Moisés casou-se com Zípora e foi pai de Gerson e Eliézer (Ex 2,21; 18,3-4). Em Midiã, tornou-se pastor de ovelhas e passou por um período de aprendizado e preparação, apascentando o rebanho de seu sogro Jetro. Moisés se familiarizou com a vida nômade na região próxima da cadeia de montanhas do monte Horebe, região que, diga-se de passagem, seria a plataforma local de sua ação como líder de Israel conduzindo o povo no deserto rumo à Canaã.

Nos primeiros 40 anos de sua vida, Moisés viveu no Egito, portanto, aprendeu a legislar, desenvolveu sua capacidade de estadista, tornando-se desenvolto em sua liderança e perspicaz em sua visão (At 7,23); todavia, com o rebanho de Jetro aprendeu a apascentar. Foi em Midiã, região da península da Arábia, na solidão desértica, que Moisés desenvolveu a mansidão que o caracterizou e foi-lhe tão necessária para a realização de sua dura missão. Deus forjou o seu caráter por meios das etapas de sua vida, a fim de transformá-lo em instrumento para a execução dos propósitos divinos.

É interessante notar que, nesse período, o povo hebreu continuava sofrendo e clamando a Deus por livramento (Ex 2,24-25). Em um dia aparentemente comum, quando Moisés cumpria suas tarefas cotidianas (Ex 3,1), o Senhor se manifestou a ele em uma sarça (um tipo de arbusto) envolvida por um fogo que não a consumia, no Monte Horebe (Ex 3,1-3). Na visão, conforme Schultz

(1995, p. 55), Deus tomou um arbusto insignificante e o fez arder, transformando-o em um objeto de milagre; isso era o mesmo que Deus desejava fazer com Moisés. Após Deus chamar Moisés pelo nome em uma repetição enfática – "Moises, Moisés!" –, apresentou-se a ele como o Deus de Abraão, Isaque e Jacó (Ex 3,6). O diálogo se desenvolve apresentando ao leitor a revelação do nome *Javé* (Jeová): "Eu sou o que sou" (Ex 3,13-14) (Schultz, 1995, p. 66). Deus se apresenta como o ser de existência própria.

Moisés recebeu a ordem de ir ao faraó para libertar o povo de Israel (Ex 3,7-22). A expressão *vem agora* indica a urgência de Deus em agir (Ex 3,10). O tempo da libertação havia chegado. Para isso, Moisés deveria partir rumo ao Egito, voltar à mesma terra que havia fugido há 40 anos. Inicialmente, ele relutou e tentou se esquivar da responsabilidade: argumentou que não era ninguém, revelando sua total incapacidade (Ex 3,11,12); alegou desconhecimento para agir como representante de Deus (Ex 3,13); mostrou receio em lidar com os anciãos de Israel (Ex 4,1-9); justificou que não era um orador eloquente (Ex 4,10-12); e tentou convencer o próprio Deus que qualquer pessoa poderia realizar a tarefa (Ex 4,13-17). Durante a conversa, Deus lhe deu sinais que confirmaram a fé (Ex 4,1-17). Desse modo, Moisés acatou e obedeceu a ordem, despediu-se de Jetro, seu sogro, e retornou ao Egito (Ex 4,18-31). Quarenta anos se passaram desde a sua fuga. O faraó que lhe perseguiu já estava morto (Ex 4,19) (Schultz, 1995).

Contando com a companhia de Arão, seu irmão, Moisés entrou em contato com o faraó, que se mostrou inegociável (Ex 5,1-5). O monarca do Egito expôs que não reconhecia a autoridade do Deus que Moisés dizia representar (Ex 5,2). O faraó agiu de forma insolente, ordenando o aumento das cargas e do trabalho pesado para os hebreus (Ex 5,6-19), que, diante do ocorrido, demonstraram ressentimento com a atuação do libertador. Os israelitas começaram, então, a se queixar de Moisés e Arão (Ex 5,20-23).

É impressionante como o texto bíblico apresenta a mudança de atitude do povo hebreu para com o libertador: em um dia, alegria com a notícia, euforia e esperança; no outro, revolta e murmúrio. Moisés demonstrou incômodo com a situação. Aliás, essa atitude oscilante por parte dos hebreus marcaria toda a atuação de Moisés como líder de Israel. Ele então recorreu a Deus em oração (Ex 5,22-23). As situações e os desafios diários foram o aproximando de um diálogo e do convívio intenso e frequente com Deus. Desse modo, mostrou-se totalmente dependente da direção divina e o Senhor lhe renovou as promessas (Ex 6,2-13). Os capítulos que se seguem apresentam as tratativas entre Moisés e o faraó, em um jogo de negociações intercalado por pragas enviadas por Deus ao Egito com a finalidade de demover a decisão do monarca egípcio. De acordo com a tradição judaica, Deus enviou dez pragas ao Egito.

O contexto histórico da Páscoa original situa-se na última praga derramada sobre o Egito. Antes da execução da décima praga, Moisés recebeu instruções preparativas para a saída do Egito. O povo deveria estar pronto para uma partida súbita. Um juízo severo seria derramado sobre o Egito. Israel deveria seguir as instruções divinas no afã de ser preservado da tragédia. Cada família deveria sacrificar, no crepúsculo da tarde, um cordeiro ou cabrito "sem mácula" (Champlin, 2004, p. 76), macho, de um ano, aspergindo o sangue desse cordeiro na porta das residências para que fosse poupada da visita do anjo destruidor. A festa instituída pelos hebreus estava eivada de simbolismos e de atos de fé. Receberam a ordem de comer a carne (assada) com pão asmo (pão sem fermento) e ervas amargas durante a noite (Ex 12,1-28) (Champlin, 2004).

> O cordeiro ou cabrito da Páscoa, assado sobre o fogo, representa a proteção e provisão de Deus por seu povo: Israel é o primogênito de Deus. As ervas amargas representam todo o sofrimento que suportaram no Egito. Os pães sem fermento evocam a rapidez

de sua partida (não havia tempo para usar o fermento e deixar o pão crescer). (Champlin, 2004, p. 47)

Conforme anunciado por Deus, à meia-noite, o anjo destruidor visitou a terra do Egito, provocando a morte de todos os primogênitos egípcios, de modo que um grande clamor se escutou, não existindo casa em que não houvesse um morto (Ex 12,28-30). O golpe foi doloroso demais para o faraó, o qual, diante da perda de seu primogênito sucessor, perdeu toda sua capacidade de resistir e, desse modo, permitiu que os israelitas partissem. Israel celebrou a Páscoa e partiu em direção ao deserto (Champlin, 2004).

Segundo as instruções divinas, a Páscoa deveria ser observada anualmente em comemoração ao grande livramento (Ex 12,24-28), vindo a tornar-se a principal festa judaica que marcava o início do novo ano religioso judeu. Trata-se de uma celebração que marca um momento histórico único na identidade da nação de Israel, assinalando um evento particular: a ação de libertação do Egito. House (2005, p. 144) diz que "tudo nessa comemoração anual é, então, uma âncora que prende israelitas do futuro a uma história passada real e, por isso, dá-lhes esperança de que Yahweh agirá a favor deles em suas histórias reais". Como celebração memorial, a festa trazia implicações didáticas fulcrais para a família hebraica. Os pais deveriam repassar para os filhos, desse modo, o conhecimento, e a fé no Deus da Páscoa deveria se renovar todo o ano por meio da celebração (Ex 12,24-27).

Com a permissão do monarca do Egito, os hebreus saíram às pressas, carregando pertences e pães sem fermento (Ex 12,39). Assim foi iniciada a saga em direção à terra prometida.

A liderança de Moisés começou a florescer nas primeiras experiências pós-libertação do Egito. É interessante notar que, antes de clamar a Deus obtendo orientação divina para aquela situação difícil, Moisés primeiro tranquilizou o povo com palavras de fé, revelando, desse modo, sua confiança bem alicerçada no Deus de Abrão, Isaque e Jacó. Só depois de fortalecer o ânimo do povo, Moisés clamou a Deus a fim de revigorar seu próprio ânimo (Ex 14,15). Deus lhe direcionou, mostrando que estava no controle da situação (Ex 14,15-18). O ápice do relato da libertação do Egito ocorreu diante do estupendo milagre que resultou na abertura das águas do Mar Vermelho. O povo de Israel atravessou esse caminho são e salvo; em seguida, Deus fez as águas retrocederem, desabando as paredes de águas sobre as tropas do Egito (Ex 14,15-26). Os egípcios, com toda sua estrutura de guerra e exército, pereceram diante dos olhares de todo o povo de Israel (Ex 14,27-31). Essa vitória estupenda eliminava de uma vez qualquer possibilidade de retaliação egípcia; agora os hebreus estavam prontos para seguir seus caminhos, sepultando o passado no passado.

O capítulo 15 do livro do Êxodo apresenta a festa do povo hebreu diante do livramento. Moisés, inspirado e grato por tamanha ação divina, adorou ao Senhor, reconhecendo o poder e os grandes feitos de Deus (Ex 15,1-19). O libertador conduziu o povo à festa por meio de um hino de triunfo; em seguida, Miriã e todas as mulheres cantaram o coro e dançaram, expressando a alegria pelo momento. O cântico exaltava a pessoa de Deus, podendo ser dividido em duas partes: na primeira seção está presente a alegria pela vitória diante do exército do faraó (Ex 15,1-12); na segunda seção, de caráter profético, o louvor demonstra esperança ao anunciar a conquista de Canaã (Ex 15,13-18).

Passada a euforia pela libertação, os hebreus começaram a enfrentar as dificuldades do deserto. Após a travessia do Mar Vermelho e de uma caminhada pelo deserto de Sur sem encontrar água potável, os hebreus estavam extenuados e abalados quando chegaram em Mara. Três dias de caminhada no deserto foram suficientes para alterar drasticamente o ânimo deles; a festa do capítulo 15, com cânticos de esperança e danças, dá lugar a uma murmuração sem precedentes (Ex 15,27). Ao orar a Deus, Moisés foi orientado a lançar um lenho nas águas; imediatamente elas se tornaram doces, próprias para o consumo (Ex 15,25). Deus estava dando provas que cuidaria do seu povo que se encontrava diante das dificuldades impostas pelo deserto.

O povo partiu, então, para o deserto que ficava entre Elim e Sinai (Ex 19,1-2). A região era inóspita, repleta de pedra e areia. Os hebreus começam a murmurar novamente (Ex 16,3). Nesse momento, Deus enviou o maná (um tipo de alimento produzido de forma milagrosa por Deus) ao seu povo, fornecendo-lhe a provisão diária diante das necessidades (Ex 16,4-10). Tratava-se de um alimento integral, de leve digestão. O povo deveria colher todas as manhãs a porção para cada dia. A palavra *maná*, em hebraico *man-hu*, significa "o que é isto?" (Schultz, 1995, p. 176). Moisés explicou o novo cardápio como "o pão que veio do céu" (Ex 16,15) (Schultz, 1995, p. 181).

Ao chegarem em Refidim, os hebreus enfrentam novamente o drama da falta de água (Ex 17,1). As limitações do deserto e o desconforto da peregrinação parecem ativar a irritabilidade dos israelitas. Assim, facilmente inclinam-se à murmuração, agitando-se no acampamento de Israel. Nesse evento específico, a amotinação foi tão grande que Moisés temeu ser apedrejado (Ex 17,4). Novamente, um grande milagre aconteceu: a rocha calcária do Sinai que retém umidade, ao ser ferida por Moisés, passou a providenciar água para o povo (Ex 17,6).

Logo após, Israel vivenciou sua primeira batalha militar contra Amaleque (Ex 17,8-16). Tratava-se de uma tribo beduína descendente de Esaú (Gn 36,12), vindo a se tornar grande inimiga de Israel ao longo da história. Naquela época, as tribos nômades estavam sempre à procura de oportunidades. Os amalequitas interpretaram a passagem dos hebreus pelas proximidades como uma boa ocasião para saqueá-los ou ainda é provável que enxergassem os hebreus como inimigos que poderiam ocupar um oásis fértil próximo e roubar o direito sobre a região.

Ameleque veio pelejar contra os hebreus, atacando-os pela retaguarda (Ex 17,8). Josué atuou como o general da primeira grande batalha de Israel pós-cativeiro, aparecendo no relato bíblico pela primeira vez como potencial sucessor de Moisés. Durante a batalha, Moisés permaneceu com os braços levantados no monte, com Arão e Hur sustentando-os – embora o texto não identifique o porquê desse gesto, comentaristas, antigos e modernos, consideram quase unanimemente essa ação de Moisés como um ato de oração. Israel prevaleceu na batalha. Logo após, Moisés levantou um altar e adorou ao Senhor (Ex 17,15) (Schultz, 1995).

Três meses após a saída de Israel do Egito, os hebreus chegaram ao deserto do Sinai, defronte ao monte. Aquele era um lugar único e especial para Moisés, afinal de contas, foi nesse local que ele obteve a sua primeira experiência com Deus por meio da visão da sarça ardente. Israel permaneceu no Sinai durante 11 meses, segundo a ordem divina. Nesse período, acontecimentos memoráveis registrados no Êxodo se desenvolveram, são eles: a Aliança da Lei, os Dez Mandamentos, os juízos, as ordenanças sociais, o tabernáculo[5] e o sacerdócio. Todavia, a cena também é manchada com a experiência desastrosa do pecado da idolatria na fabricação de um bezerro de ouro diante da longa ausência de Moisés.

A Aliança da Lei foi firmada entre Deus e a nação de Israel no Monte Sinai (Ex 19.24). Trata-se de uma aliança que envolve o acordo entre duas partes: Deus e Israel. O povo é lembrado da responsabilidade de obedecer à Lei do Senhor (Ex 19,5). Essa aliança tinha como propósito distinguir a nação de Israel dos outros povos da Terra, identificando-os como o povo escolhido por Deus. Deus prometeu fazer de Israel um reino de sacerdotes

---

5   Tabernáculo é o local onde a Arca da Aliança e outros artefatos eram guardados, segundo o texto bíblico.

e uma nação santa (Ex 19,6). Também tinha o objetivo de firmar os termos que norteariam a vida de todo israelita. Trata-se de uma aliança essencialmente condicional: a obediência geraria as bênçãos de Deus e a desobediência provocaria punições. A aliança mosaica ficou conhecida como *antiga aliança* (2Co 3,14; Hb 8,6-13) e foi substituída pela nova aliança em Cristo (Lc 22,20; 1Co 11,25; 2Co 3,6, Hb 8,13; 9,15; 12,24).

A fim de conscientizá-los sobre a importância do pacto da lei, os hebreus tiveram de obedecer a uma série de preparativos, como lavar as vestes e evitar a prática de relações sexuais (Ex 19,10-15). Esses procedimentos preparavam o coração deles para receber a Lei e ensinavam-lhes a importância da pureza na presença de Deus. O Decálogo foi pronunciado por Deus em voz audível. Trovões, relâmpagos e uma expressa nuvem cobriram a montanha e todo o povo de Israel que estava no arraial estremeceu presenciando a cena teofânica (Ex 19,16-20) Podemos dividir a aliança mosaica em três partes: os mandamentos (Ex 20,1-16); os juízos (Ex 21.24,11) e as ordenanças abarcando as instruções relativas à construção do tabernáculo (Ex 24,12-31,18). Apesar de ser composta por três partes, trata-se de uma única Lei.

A expressão *dez mandamentos* vem do termo *decálogo* que significa "dez palavras". (Ex 34,28). São palavras de Deus transmitidas a Moisés. Não se trata de uma imposição autoritária; na verdade, é resultado direto de um acordo estabelecido entre Deus e Israel. Os mandamentos podem ser divididos em duas partes (duas tábuas): a primeira divisão trata de ordens verticais que definem o relacionamento de Israel com Deus; a segunda divisão, de cunho horizontal, visa estabelecer diretrizes no relacionamento entre os próprios israelitas (Richards, 2004).

Os quatro primeiros mandamentos revelam características de Deus e de como deseja ser conhecido e tratado pelo seu povo. O primeiro mandamento destaca a unicidade de Deus: "Não terás outros deuses diante de mim" (Ex 20,3). Israel precisava reconhecer o Deus de Israel como único Senhor. O segundo mandamento aponta para a espiritualidade de Deus. "Não farás para ti imagem de escultura" (Ex 20,4). Deus é espírito. Israel precisava reconhecê-lo em sua característica própria. Era proibido aqui não somente a adoração às imagens, mas também a fabricação delas (Ex 20,4-6). O terceiro mandamento realça a santidade de Deus. "Não tomarás o nome do Senhor teu Deus em vão" (Ex 20,7). É preciso reverenciar não apenas o ser de Deus, mas também o seu nome. A santidade de Deus evoca a ideia de respeito e consideração. O quarto mandamento aponta para a soberania de Deus. "Lembra-te do dia de sábado" (Ex 20,8-11). O sábado judaico deveria ser guardado como um dia de descanso.

Os seis mandamentos restantes estabelecem princípios sociais reguladores que cristalizam a importância do respeito aos pais, da vida humana, da família, da justiça e do direito do indivíduo. Vejamos: O quinto mandamento instrui que pais e mães devem ser honrados (Ex 20,12). O sexto mandamento atesta que a vida humana deve ser respeitada. Estabelecia a proibição de matar (Ex 20,13). Esse mandamento refere-se especificamente ao homicídio doloso. O sétimo mandamento protege a família, reconhecendo a dimensão sacra dessa instituição criada por Deus. A revelação bíblica atesta que a família é sagrada! O "não adulterarás" é um dispositivo protetor do matrimônio (Ex 20,14). O casamento deve ser respeitado.

O oitavo mandamento, "não furtarás", protege o direito individual e alheio (Ex 10,15). O nono mandamento evoca o princípio de justiça que deve existir nas relações humanas. "Não dirás falso testemunho" visa exigir a verdade dos seres humanos em suas relações sociais (Ex 20,16). Por fim, o último mandamento, "não cobiçarás", estabelece limites para os desejos (Ex 20,17). A cobiça pode ser uma força destruidora, conduzindo o homem à insatisfação das bênçãos de Deus sobre sua vida, empurrando-o ao desejo imoderado e violento de possuir algo que não lhe pertence. Esse mandamento representou um grande desafio ao apóstolo Paulo (Rm 7,7)

Enquanto os Dez Mandamentos representam os códigos morais e possuem a forma de um discurso direto ao ouvinte ou leitor, os juízos correspondem a estatutos e regulamentações legais que organizam a vida de Israel no tocante à situação histórico-redentora do povo de Deus no período do Êxodo. As várias leis derivam de princípios básicos enunciados nos Dez Mandamentos. As seguintes leis foram transmitidas: a lei acerca dos escravos (Ex 21, 1-11); a lei da pena capital, sendo um desdobramento detalhado do sexto mandamento (Ex 21,12-32); leis acerca do furto e de danos à propriedade (Ex 22,1-6), leis acerca da desonestidade (Ex 22,7-15); leis acerca da sedução (Ex 22,16-17); leis acerca das obrigações civis e religiosas (Ex 22,18-23;19); e leis acerca da posse da terra (Ex 23,20-33).

O propósito das ordenanças era regulamentar a vida religiosa do povo de Israel. Os capítulos 25 a 31 do Êxodo apresentam as diretrizes de Deus para a construção do tabernáculo: quais materiais deveriam ser empregados na fabricação; a descrição das peças nos mínimos detalhes; a institucionalização do sacerdócio no tabernáculo; as vestes sacerdotais; a atuação dos sacerdotes; os trabalhadores e o sábado.

Embora o tabernáculo não representasse uma novidade para o mundo antigo, não deixava de o ser para Israel. Por meio da tenda especial construída sob a orientação divina, Deus faria morada entre o seu povo como sinal da aliança que tinha sido estabelecida. Os capítulos 35 a 39 apresentam o cumprimento dessas diretrizes.

Para se compreender a significação do tabernáculo, é bom lembrar o que levou à sua construção. Quando inicialmente Adão e Eva foram criados, não havia nenhuma necessidade de encontrar-se com Deus em um lugar especial. Eles se reuniam com Deus em qualquer lugar no Jardim do Éden. Porém, a queda causou uma alienação fundamental entre Deus e suas criaturas, de modo que eles já não poderiam entrar facilmente em sua presença. Após a queda, as pessoas conseguiam ficar diante do Senhor, mas apenas em locais especiais para isso. Durante o período dos patriarcas, foram construídos altares de forma que a adoração pudesse ser administrada pelo líder da família (Gn 12.8; 13.18). No tempo do Êxodo, porém, o povo de Deus não era mais uma família numerosa, mas sim uma poderosa nação. Assim, devido à situação histórico-redentora e à condição sociológica dos israelitas, Deus ordenou a Moisés que construísse um tabernáculo de forma que ele, o Senhor, pudesse estar próximo durante a adoração. O tabernáculo tinha a forma de uma tenda nômade. Era possível, desmontar, embalar e levá-lo ao próximo local. A mobilidade era necessária em razão do povo de Deus estar vagando no deserto e não fixado na terra. (Schultz, 1995, p. 214)

A Aliança da Lei qualificou Israel como povo escolhido. A Lei deu a eles um código moral e espiritual para se pautarem, os juízos trouxeram aplicações específicas dessa Lei e as ordenanças que resultaram na construção do tabernáculo e institucionalização do sacerdócio tornaram a presença de Deus palpável e permanente entre os hebreus. Agora, firmado na Aliança da Lei, Israel como povo escolhido tinha garantias da presença de Deus no seu meio, o que o distinguia dos outros povos da Terra.

Por causa da construção do tabernáculo, Israel permaneceu no monte Sinai até o fim do primeiro ano da peregrinação, cujo relato abrange a parte final do livro do Êxodo. Enquanto a Lei retratava a santidade de Deus, o tabernáculo apontava para sua graça, que provia ao povo um lugar de encontro e comunhão pelo sacrifício de sangue. O tabernáculo era uma tenda nômade onde Israel se reunia para adorar a Deus. Tratava-se do local visível da adoração. Os utensílios sagrados possuíam hastes para o transporte. O próprio Deus forneceu a planta para a construção do tabernáculo (Ex 25.31). A estrutura de modo geral era composta de três partes: 1) o pátio ou átrio externo; 2) o lugar santo; e 3) o Santo dos Santos. Havia uma única entrada (porta) para cada compartimento. A entrada para o Santo dos Santos se dava pelo véu (Ex 26,31).

Tratava-se de uma tenda retangular de tamanho considerável. A medida do átrio externo era aproximadamente 45 por 22 metros. Os dois lados mais longos possuíam 100 côvados[6] (Ex 27,9). Os dois menores, 50 côvados (Ex 27,12). Tendo em vista que cada côvado tinha aproximadamente 45 cm, chegamos a essa medida. O átrio era coberto com uma série de cortinas de linho por todo o perímetro da área externa e era onde os sacerdotes ministravam, realizando o sacrifício. A altura das cortinas era de 5 côvados, um pouco mais de dois metros, o suficiente para proporcionar um aspecto reservado ao local. O perímetro do átrio possuía 300 côvados (100 + 100 + 50 + 50), o que equivale a 137 m^2 (Ex 27,18) (Champlin, 2004).

Ao entrar pelo lugar santo, agora dentro da parte coberta, à direita estava a mesa dos pães da proposição feita[7] de acácia e revestida de ouro (Ex 25,25-30; 37,10-16), à esquerda, o candelabro de ouro com suas sete lâmpadas (Ex 25,31-40; 37,17-24). De frente à entrada do lugar santo, antes do véu, estava o altar de incenso, também feito de acácia e coberto de ouro. O lugar santo possuía quatro lados iguais, medindo meio metro, e sua altura era de um metro (Ex 30,1-10; 37,25-28) (Champlin, 2004).

---

6   Medida de comprimento usada por diversas civilizações antigas e que se baseava no comprimento do antebraço, da ponta do dedo médio até o cotovelo (Champlin, 2004).
7   Refere-se a bolos e pães que estavam sempre presentes em uma mesa especialmente dedicada a isso.

Aos sábados os sacerdotes colocavam 12 pães sem fermento na mesa da proposição. Cada pão representava uma tribo. Todas as tardes os sacerdotes faziam a manutenção do candelabro, limpando e colocando azeite puro de oliva a fim de que ele pudesse iluminar durante toda a noite (Ex 27,20-21; 30,7-8). O incenso utilizado ao Senhor não poderia ser replicado para outras atividades. Deveria ser exclusivo do serviço do tabernáculo (Ex 30,34-37). O altar do incenso simbolizava as súplicas e está relacionado à intercessão. A mesa dos pães da proposição fala de comunhão e alimento espiritual. Na presença de Deus há alimento para suprir o que o busca em sinceridade. O candelabro traz a ideia de testemunho (Champlin, 2004).

O lugar santo era separado do Santo dos Santos por um véu. A colocação do véu também era repleta de significado e simbolismo; ensinava que o acesso à presença de um Deus santo encontrava-se obstruído por causa do pecado do homem. Ao entrar no Santo dos Santos, ali se encontrava um único móvel que representava o objeto mais sagrado para o judeu: a arca da aliança.

Na arca estavam depositadas as duas tábuas da Lei: os mandamentos provenientes de uma declaração verbal divina. Exatamente no centro dessa religião teocêntrica ou dirigida pela vontade de Deus estava a arca. Tudo apontava para ela. Sobre a arca estava o propiciatório, uma tampa feita de ouro maciço. Era no propiciatório que o sangue do sacrifício era derramado (Ex 25,22). *Propiciação* significa "aplacar a ira", "apaziguar" (Champlin, 2004). Uma vez por ano o sumo sacerdote entrava no Santo dos Santos e aspergia o sangue dos sacrifícios nesse local para o perdão dos pecados de Israel. Esse ato foi um prenúncio da redenção realizada em Cristo (Hb 9,1-8; 9,12-24).

Enquanto Israel estava acampado perto do Sinai, os israelistas caíram no pecado ao se envolverem com a idolatria, fundindo um bezerro de ouro para adoração (Ex 32,8). Depois de concordar com os trâmites da aliança com Deus, o povo perdeu de vista o seu Deus, a sua fé e o seu líder. Enquanto Moisés tinha subido ao monte para receber as tábuas da Lei, o povo estava esperando no acampamento. Diante da demora, Israel ficou alvoroçado, especulando diversas possibilidades até que a confusão tomasse conta do ambiente (Baxter, 1992).

Liderados por Arão, os hebreus construíram um bezerro de ouro para ser adorado, pecado que Deus proibira expressamente (Ex 20,4). O pecado da idolatria conduziu os israelitas a outros tipos de pecados, como imoralidade e prostituição. O texto bíblico descreve que muitos hebreus ficaram despidos sem nenhum tipo de vergonha, agindo desenfreadamente (Ex 32,25). Essa é uma das cenas mais tristes do Êxodo. Deus informou a Moisés o que estava acontecendo e ameaçou destruir o povo.

Ao descer do monte, Moisés ficou tão irado com a cena observada que quebrou as tábuas da Lei. Seu ato anunciava explicitamente que a aliança com Deus havia sido rompida (Ex 32,19-24). A punição para esse pecado era a morte, entretanto, Moisés intercedeu pelo povo (Ex 32,30-35). O libertador implorou a Deus por sua presença junto a Israel e Deus agiu com misericórdia. Moisés então recebeu as novas tábuas da Lei (Ex 34). Os capítulos finais do livro apresentam a execução das ordenanças da aliança no tocante à construção do tabernáculo e à institucionalização do ofício sacerdotal.

1.3 O livro de Juízes

PRESTE ATENÇÃO!

Enquanto o livro de Josué destaca as vitórias de Israel no período da conquista de Canaã, o livro de Juízes se concentra nas derrotas do povo, visto que, com o tempo, Israel incorporou crenças e práticas pagãs. Enquanto o livro de Josué apresenta a liberdade, o livro de Juízes narra a servidão; enquanto Josué destaca a fé, Juízes se concentra na descrença; enquanto Josué apresenta a fidelidade do povo ao Senhor, Juízes descreve a situação de apostasia; enquanto Josué fala de progresso, Juízes cita o declínio; enquanto em Josué se vê um senso de unidade entre as tribos, em Juízes existe a decadência e a anarquia, cada um faz o que quer (Baxter, 1992).

Também é possível perceber uma íntima relação entre os contextos históricos dos livros de Josué e Juízes. Os cananeus não haviam sido completamente desalojados. Com o tempo, à medida que Israel foi se instalando na terra, acomodou-se ao conforto do lugar e, em decorrência disso, veio a desprezar a continuidade das batalhas e a própria ordem de Deus. Visto que o processo de ocupação da terra não se completou plenamente, áreas e cidades locais foram posteriormente reocupadas pelos povos cananeus que não haviam sido completamente combatidos. O livro de Juízes ensina com propriedade a lição de que a desobediência a Deus sempre trará graves prejuízos. Para Brown (2004, p. 15), "Juízes é a história do que acontece quando os homens só obedecem a Deus pela metade".

A autoria do livro é desconhecida. O Talmude, livro da tradição judaica, sugere a autoria de Samuel. Evidências internas apontam que provavelmente o livro foi escrito no período inicial da monarquia (Jz 17,6). A Era de Saul, próximo a 1025 a.C., seria um período possível. Fica implícito que o autor escreveu tendo como referência a monarquia. Além disso, o livro também aponta para um período que antecedeu à conquista dos jebuseus por Davi (2Sm 5,6-7). Essas duas referências internas no livro apresentam uma janela cronológica entre o estabelecimento da monarquia e o reinado de Davi, portanto, a autoria de Samuel encaixa-se perfeitamente nas referências encontradas no livro. Além do mais, o texto do cronista relatou o hábito de Samuel registrar histórias (ICr 29,29) (Schultz, 1995). O livro reflete episódios entre a morte de Josué e o estabelecimento da monarquia em Israel (1400 a.C. a 1050 a.C.). O centro religioso daquela terra ficava em Siló (Js 18,1). O contexto histórico indica que Israel estava organizado em sociedades tribais, comandadas por líderes identificados como juízes. Entender esse contexto é vital para a percepção de que há episódios sincrônicos relatados no próprio livro de Juízes.

O início de Juízes – ao fazer uma ponte com o enredo do livro de Josué – apresenta novas conquistas de Israel, porém essas vitórias foram "parciais". Embora o texto mencione a conquista de Jerusalém, sabemos que a cidade só foi conquistada definitivamente por Davi (2Sm 5,6-7). Isso se aplica às cidades de Gaza, Ascalom e Ecrom, que no próprio livro de Juízes são apresentadas como um território pertencente aos filisteus (Jz 1,18). Fica subtendido que muitos povos cananeus permaneceram naquela terra convivendo de forma harmoniosa com Israel, o qual optou pela conveniência no lugar da obediência e colheu os frutos amargos de uma decisão errada (Richards, 2004).

O termo *juízes* pode confundir o leitor atual, pois não se refere a uma autoridade judicial, mas a líderes militares e chefes de clãs. Os juízes eram homens escolhidos por Deus para exercerem liderança militar, religiosa e civil sobre Israel, em um período caracterizado pela opressão. O livro menciona 12 líderes militares e civis ungidos pelo Espírito, homens que o Senhor inspirou para libertar a nação (Schultz, 1995).

Eles surgiam de diferentes regiões entre as tribos de Israel e recebiam uma dotação de poder temporária do Espírito de Deus. Como exemplo, encontramos o primeiro juiz de Israel: Otniel. Dotado pelo Espírito de Deus, Otniel julgou Israel e saiu para a peleja, libertando Israel dos povos mesopotâmicos (Schultz, 1995).

1.4 O livro de Reis

Os livros 1 e 2 de Reis descrevem os acontecimentos relativos à monarquia em Israel, apresentando tanto o reino unido quanto os episódios subsequentes ao reino dividido. São livros que servem para fornecer ao estudioso o contexto histórico do Antigo Testamento. No livro de Samuel, tem-se apenas a descrição dos eventos relativos ao reino unido de Israel. Em Reis e Crônicas, o período cronológico abrangido é consideravelmente maior quando comparado aos livros de 1 e 2 de Samuel. Os livros de Reis se referem a acontecimentos do Reino do Sul (Judá) e do Reino do Norte (Israel), tratando da história hebraica, desde a morte de Davi até a queda de Jerusalém. Os livros de Crônicas dedicam-se quase que exclusivamente à descrição dos eventos relacionados a Judá (Schultz, 1995).

Se Davi foi o grande protagonista dos livros de Samuel, no início de I Reis ele se encontra idoso e debilitado. Seu envelhecimento foi precoce, visto que contava com apenas 70 anos. Enquanto isso, Salomão possuía 19 anos e estava no auge de sua força. A vulnerabilidade de Davi proporcionou um terreno fértil para as insurreições e rebeliões. Adonias, filho de Davi, tentou assumir o trono, já que havia percebido que a escolha de seu pai repousava sobre Salomão. Adonias se julgava o legítimo herdeiro do trono. Era o quarto filho de Davi. Amom e Absalão, também filhos de Davi, estavam mortos. Quileabe, o terceiro filho, não foi mais mencionado, então acredita-se que ele tenha morrido também (Schultz, 1995).

Salomão era o escolhido de Deus (1Rs 2,15; 1Cr 22,9). Natã, o profeta, ajudou a combater o princípio de discórdia agindo para impedir o banquete de Adonias. Foi ele que informou os acontecimentos do reino a Davi, despertando-o de seu marasmo. Diante da pressão do profeta Natã e da influência de Bate-Seba, mãe do futuro rei, Davi antecipou a coroação de Salomão. Ainda em vida, para evitar possíveis rebeliões, Davi elevou o seu filho Salomão à posição de rei. O último conselho de Davi era para que seu filho jamais rejeitasse a Lei do Senhor. O livro de I Reis em seu início já apresenta Salomão assentado no trono (1Rs 1,46).

Salomão elevou ainda mais o poder e a glória de Israel diante das outras nações. A glória do seu reino atraiu a visitação da rainha de Sabá, que demonstrou sua perplexidade diante de tanta grandeza. Ela ficou maravilhada com a sabedoria e riqueza de Salomão (1Rs 10,1-7). Salomão é considerado o impulsionador da literatura de sabedoria em Israel. A fé de Salomão também impressionou a rainha Sabá (1Rs 10,9).

No início do seu reinado, cheio da sabedoria divina, Salomão levantou líderes em Israel para assessorá-lo, de modo que cada ministro de Estado era responsável por um setor de seu governo. Essa estruturação de uma cúpula governamental sólida e preparada contribuiu para a conquista de um surto de prosperidade em Israel. Salomão também retirou Abiatar da posição de sumo sacerdote, visto que este havia traído Davi, e deu preferência a Adonias como sucessor do trono. Com isso, o rei estabeleceu um domínio sobre o sacerdócio. Desde então, os sacerdotes se mancomunaram aos reis, sendo necessário a Deus levantar os profetas para denunciar os erros dos líderes políticos e religiosos. Salomão matou Joabe e executou Adonias.

O sucesso do reino de Salomão foi construído à base do aumento de impostos. Era preciso sustentar a grandeza do reino. As grandes construções, tanto do Templo quanto do palácio real, movimentaram altas somas de dinheiro. Operários e materiais do exterior vinham para embelezar uma construção religiosa feita com imensas pedras e com o cedro do Líbano, além dos materiais revestidos em ouro. Uma grande soma de dinheiro circulava em Jerusalém, de modo que a corrupção e o suborno acabaram infiltrando-se em Israel. O palácio do rei impressionava os súditos, mas também gerava insatisfação.

Com a divisão do Reino, a narrativa bíblica passa a se ocupar da história de Israel e de Judá. Enquanto o livro de Reis aborda com mais detalhes a história de Israel, isto é, do Reino do Norte, cuja capital era Samaria, o livro de Crônicas dedica-se a cobrir de forma pormenorizada a história de Judá, o Reino do Sul, cuja capital era Jerusalém. Com a divisão do reino, Israel, o Reino do Norte, teve sua história registrada de 931 a.C. a 722 a.C., ocasião em que foi destruído pelo Império da Assíria.

Nestes quase 200 anos de coexistência entre os Reinos do Norte e do Sul, a convivência às vezes demonstrou-se hostil, principalmente em seu início (1Rs 15,6), contudo, com o tempo também se demonstrou fraterna.

O Rei Acabe de Israel chegou a fazer aliança com o Rei Josafá de Judá. A filha de Acabe casou-se com Jeorão, filho e sucessor de Josafá. Os reinos se aproximaram. Não se pode negar que a divisão do reino foi uma grande tragédia para a história de Israel, pois a partir desse evento a nação só declinou em direção ao colapso do Norte e ao enfraquecimento do Sul.

O ciúme entre as tribos de Israel pode ser detectado historicamente, principalmente na rivalidade envolvendo Efraim e Judá. Jacó havia impetrado bênçãos especiais sobre Efraim, devido à predileção que possuía por José (Gn 48,17-22; 49,22-26). A conquista de Canaã se deu com a liderança da tribo de Efraim, pois Josué era oriundo dessa tribo. Até antes de Davi essa tribo exercia um protagonismo entre as demais tribos. Davi, proveniente da tribo de Judá, transferiu a sede do seu governo para Jerusalém. Nessa cidade foi construído o templo. A rivalidade que já era histórica atingiu índices alarmantes nos tempos áureos da monarquia em Israel.

O luxo de Jerusalém nos dias de Salomão foi conquistado por meio da arbitrariedade e da exploração do reino, aumentando com isso a taxação dos impostos. A busca de homens no reino para trabalhos forçados nas grandes construções de Salomão gerava muito descontentamento. As pessoas sentiam-se exploradas e injustiçadas por causa da grandeza megalomaníaca do rei de Israel. Isso gerava uma insatisfação explosiva entre as demais tribos. O esforço das demais tribos convergia para a supremacia de Judá, sede do poder político e religioso da nação. A cisão se tornou um evento impostergável. A unidade se mantinha por meio do culto comum a Jeová; quando Salomão aderiu à idolatria, consequentemente, semeou a confusão religiosa em Israel. O Senhor tinha advertido que a iniquidade e a idolatria conduziriam o povo à destruição (1Sm 12,14-15; 1Rs 9,6-9). Com a morte de Salomão, surgiram duas lideranças: Roboão foi declarado rei de Judá e Jeroboão foi empossado como rei de Israel.

Com a divisão do Reino, Jeroboão se preocupou com o protagonismo religioso de Jerusalém, localidade que sediava o grande templo da religião de Israel. Considerando que os nortistas peregrinariam com frequência para a capital de Judá no afã de adorarem a Deus, conforme o costume sagrado e a Lei determinavam (Dt 12,11-14; 16,6; 16,15-16; 1Sm 1,3-7), para impedi-los de tal prática, o rei nortista criou centros de adoração em Israel, separando para isso as cidades de Betel, no sul, e Dã, no extremo norte de Israel. O problema é que nesses lugares os israelitas adoravam não ao Deus de Israel, mas a dois bezerros de ouros. Jeroboão fez Israel pecar ao introduzir a idolatria entre o povo (1Rs 14,16).

Jeroboão foi o primeiro rei do Norte. Seu reino se desenvolveu de 931 a.C. a 886 a.C. Deus havia prometido que, se Jeroboão guardasse os mandamentos do Senhor, seu nome seria honrado e sua dinastia se perpetuaria entre as gerações. Porém, o novo rei nortista, preocupado com a adesão das pessoas a Judá, por causa do Templo em Jerusalém, levantou barreiras religiosas para distanciar os nortistas das tradições da cidade santa. Trocou a adoração ao Deus de Israel pela adoração aos bezerros de ouro.

Após a morte de Baasa, Elá, seu filho, assumiu o trono, reinando apenas por dois anos. Zinri, chefe de parte do exército, matou Baasa e todos os seus descendentes. Zinri tentou assumir o trono, mas reinou apenas sete dias. Ele fez isso sem o apoio de Onri, o general do exército, que estava em batalha contra Gibetom, cidade dos filisteus. Ao saber das notícias, as tropas declaram Onri como rei. Ele foi o rei mais poderoso do Norte, sendo considerado o fundador da primeira grande dinastia nortista que sobreviveu a quatro gerações (1Rs 15,25-16,28). "Para seu crédito, Onri por fim estabilizou politicamente o reino do norte" (Ellisen, 2008, p. 89), venceu Moabe e edificou a Samaria, a capital do Norte. Seus sucessores foram Acabe, Acazias e João.

Com Onri, Samaria tornou-se a capital do Reino do Norte, enquanto Siquém foi escolhida por Jeroboão como capital do novo reino. Onri, ao tomar o poder, fez a transferência da sede do governo de Siquém para Samaria (Ellisen, 2008).

Neste período, Onri e Acabe, seu filho, construíram fortificações ao redor da cidade. Essas fortificações proporcionaram que Samaria resistisse três anos aos ataques da Assíria, a nação mais poderosa da época. O Reino do Norte foi tão fortalecido neste período que os assírios chamavam Israel de *terra de Onri*.

Espiritualmente não houve mudança, pois Onri também fez Israel pecar contra Deus. Acabe, rei de Israel, sucedeu a Onri no trono, dando continuidade ao ciclo de apostasia do Norte. Ele casou-se com uma princesa sidônia chamada Jezabel. A rainha estrangeira fez da adoração ao deus Baal a religião oficial do reino. Diante desse cenário sombrio de idolatria, foi necessário que Deus levantasse profetas. Os primeiros grandes profetas a ocuparem um protagonismo nos registros bíblicos pós-divisão do reino são Elias e Eliseu. Foi nesse período que Elias desenvolveu seu ministério profético, confrontando os atos ímpios de Acabe e causando a fúria de Jezabel (Ellisen, 2008).

Elias, que surgiu como profeta no reinado de Acabe, rei de Israel, é conhecido na história bíblica como o tesbita, morador de Gileade. Seu nome significa "Jeová é o meu Deus" (Ellisen, 2008, p. 115) e está em franco acordo com a vida e o testemunho de Elias. Em uma época em que Israel curvou-se diante de Baal, influenciado pelo paganismo de Jezabel, mulher pagã que se casou com o rei de Israel, Elias foi à contramão de seu contexto social para afirmar que Jeová era o seu Deus, o verdadeiro Deus de Israel. A figura de Elias era tão misteriosa que se tornou lendária na história de Israel (Ellisen, 2008).

Elias aparece de forma repentina na história bíblica. Sua coragem intrépida mistura-se com seu profundo zelo pela causa de Deus. Como um defensor da verdadeira fé, Elias desafiou e venceu os profetas de Baal no Monte Carmelo. Ele orou e Deus lhe respondeu. Pediu que descesse fogo do céu no Monte Carmelo e Deus lhe atendeu. A vida de Elias foi marcada por grandes milagres. Ele condenou a apostasia de sua época e conclamou os israelitas ao arrependimento (Ellisen, 2008).

Eliseu foi um profeta discípulo de Elias. Sobre ele repousou a responsabilidade de suceder ao corajoso profeta Elias, seu grande mentor espiritual. Antes de Elias ser transladado ao céu, fez uma última viagem na companhia de Eliseu. O percurso percorrido foi Gilgal, Betel, Jericó e Jordão. Eliseu pediu a Elias para se tornar o seu herdeiro legítimo. Quando Elias foi transladado aos céus por meio de um redemoinho, Eliseu viu tudo e por isso recebeu a graça de ser o herdeiro de Elias (Ellisen, 2008).

Embora fosse formado e treinado por Elias, Eliseu possuía um temperamento diferente daquele. Enquanto Elias era ardoroso e agitado, Eliseu era mais caridoso e tranquilo. Elias e Eliseu apresentam acentuado contraste: Elias foi o profeta do julgamento, da lei, da severidade; Eliseu foi o profeta da graça, do amor, da ternura. O ministério de Eliseu durou 50 anos, sendo também marcado por muitos milagres (Richards, 2004).

Jeú, após ter sido ungido rei, exterminou a dinastia de Acabe, matando a rainha Jezabel, o rei Jorão e todos da linhagem de Acabe. Ele tentou combater a idolatria, fazendo cessar o culto a Baal, porém o paganismo já tinha se alastrado sobre Israel, tornando-se endêmico. Com Jeú foi estabelecida a quarta dinastia de Israel. Foi a dinastia que reinou por mais tempo: aproximadamente 90 anos, de 841 a.C. a 743 a.C., estendendo-se por cinco gerações. Os cinco reis dessa dinastia foram: Jeú, Jeoacaz, Joás, Jeroboão II e Zacarias (Richards, 2004).

Jeroboão II foi o principal rei da dinastia de Jeú. Enquanto a dinastia de Onri é considerada a mais forte do Reino do Norte, Jeroboão II é considerado o maior rei de Israel. Individualmente, ele foi o rei que reinou por 41 anos. O texto bíblico reserva apenas sete versículos para falar dele. Os pecados praticados por Jeroboão II fizeram com que os escritores bíblicos não descrevessem com detalhes o seu reinado (Richards, 2004).

O contexto histórico desse período também é abordado na mensagem profética de Amós e Oseias, os quais denunciaram os pecados dos nortistas. A tradição dos profetas escritores surgiu nesse momento histórico. Antes disso, os profetas eram orais – eles pregavam. Elias e Eliseu são representantes desse profetismo em Israel. Porém, com Jeroboão II surgiu a tradição dos profetas escritores, que se tornaram os autores do registro sagrado. Eles não apenas pregavam, mas prediziam. Anunciavam o juízo e enxergavam a misericórdia por trás da calamidade, pois atuavam iluminados pela compreensão de um propósito divino maior. Eles enxergavam além do julgamento. Na época de Jeroboão II, três profetas da literatura sagrada desenvolveram seus ministérios: Jonas (profetizou para Nínive), Amós e Oseias (Richards, 2004).

Além de reinar por mais de quatro décadas sobre Israel, Jeroboão II conduziu a nação ao crescimento nacional, porém a prosperidade financeira não veio acompanhada de desenvolvimento espiritual. Na verdade, Jeroboão II também fez Israel pecar. A segurança política e a prosperidade material resultaram em uma decadência espiritual que produziu diversos males sociais. Nesse período, os ricos exploravam os pobres e as pessoas se autoenganavam em uma religiosidade fria, ritualística, desprovida de misericórdia e integridade (Richards, 2004).

As últimas duas décadas de Israel foram marcadas por um período de instabilidade política, revoltas dinásticas e luta pelo poder. A apostasia religiosa era uma realidade no Reino do Norte e se aproximava o tempo de colher os resultados de uma semeadura nefanda. Diversos reis foram assassinados em um ciclo de tomadas de poder. O rei assassinado era substituído pelo seu homicida, que logo era assassinado por outro homicida. Isso gerou uma grande inconstância política para a nação. Em 722 a.C., a Assíria invadiu o Reino do Norte e destruiu Israel, matando grande parte de sua população e deportando outra grande parte dos sobreviventes (Richards, 2004).

A Assíria tinha como política do seu império o hábito de trazer outros povos estrangeiros para ocuparem a terra recém-conquistada, provocando uma miscigenação dos povos oprimidos. Com essa estratégia, dizimava-se qualquer possibilidade de insurreição, pois diante do esfacelamento da cultura dos povos conquistados, estes tornavam-se descaracterizados e enfraquecidos em sua identidade nacional (Richards, 2004).

O Reino do Sul também foi alvo de um juízo divino, mas experimentou um capítulo final diferente em relação ao Reino do Norte. Judá sobreviveu como nação por quase um século e meio após a destruição de Israel (Reino do Norte). Os estudiosos acreditam que essa prorrogação da sanção disciplinar de Deus, que conferiu um prazo maior para Judá, deu-se por causa de fatores como as reformas espirituais nos tempos dos reis Ezequias e Josias. Diferentemente do Reino do Norte, que só teve reis ímpios, o Reino do sul contou com reis tementes a Deus. Talvez esse tenha sido o principal fator de um final diferente do Reino do Norte (Baxter, 1992).

1.5 Os profetas e seu contexto político-social

Conhecer os profetas maiores (Isaías, Jeremias, Ezequiel e Daniel), sua mensagem e seu tempo é entender o cumprimento de suas promessas com Isaías, a ida do povo para o cativeiro em Jeremias, a promessa de restauração em Ezequiel, a dor e a esperança em Lamentações e o futuro em Daniel.

PRESTE ATENÇÃO!

Os profetas menores são: Oseias, Joel, Amós, Obadias, Jonas, Miqueias, Naum, Habacuque, Sofonias, Ageu, Zacarias e Malaquias. Provavelmente você já deve ter ouvido falar sobre os profetas menores, cuja classificação foi dada por Agostinho de Hipona, no século IV d.C., como uma forma de organizar sistematicamente os livros proféticos do Antigo Testamento em dois grupos: profetas maiores e profetas menores. Os profetas menores foram emissários da mensagem de Deus para o Reino do Norte, o Reino do Sul e as nações próximas a Israel.

Por meio da vida dos profetas foi cumprido o grande propósito profético de Deus nos dias veterotestamentários. Em razão da brevidade de tempo e espaço, descreveremos o contexto político dos profetas Isaías, Jeremias e Amós, por considerá-los paradigmáticos na descrição do contexto político de Israel.

1.5.1 Isaías

O mundo bíblico tem como característica bélica os meios de conquista conhecidos como *imperialismo* e *expansionismo*; essas formas de dominação se caracterizam pela exploração e captura de outros reinos. As grandes potências investiam em exércitos profissionais e, com isso, atacavam os outros reinos com a finalidade de subjugar os reis e a população. Também obrigavam aos vassalos o pagamento de altos impostos e exigiam a adoração de seus deuses. É interessante lembrar que, tanto a economia quanto a religião, eram meios de exploração e dominação dos reinos opressores em relação aos subjugados. A seguir, apresentaremos um pouco do contexto político que serviu de pano de fundo para a atuação profética de Isaías (Schultz, 1995).

A Assíria era conhecida por sua crueldade e por sua imposição religiosa, que obrigava os povos subjugados a adorarem aos seus deuses. O poder da Assíria cresceu durante todo o século IX. Durante certo período, Israel comprou a paz com os assírios ou formou coalizões com outros pequenos Estados na tentativa de frear o progresso dessa poderosa nação em sua direção. Contudo, em 745 a.C., o cruel Tiglate-Pileser III subiu ao trono assírio e transformou sua raça belicosa numa nação de imperialistas (Schultz, 1995).

Tiglate-Pileser III continuou com a agressão assíria e até mesmo a expandiu, mediante o estabelecimento de tratados de vassalagem e da prática de deportações em massa. Esta última era uma forma cruel de dominação. Quando os exércitos atacavam as vilas e cidades, os aldeões eram capturados e levados como escravos e prisioneiros – eram presos, sequestrados e arrancados de sua terra natal e levados para outra terra, onde eram vendidos. Às vezes, toda uma família era separada e vendida para trabalhos forçados. Muitos daqueles que ficavam morriam pela guerra ou pela fome (Schultz, 1995).

Tiglate-Pileser iniciou uma política de deportação em massa nos territórios conquistados. Em 734 a.C., irrompeu pela costa e depois progrediu para o "Regato do Egito" (Schultz, 1995, p. 243). Toda a elite, os ricos, os comerciantes, os artesãos e os soldados foram transportados para a Assíria e ali reinstalados. Então Tiglate-Pileser avançou para o interior; enfraquecido internamente por divisões sociais e religiosas, o reino do Norte não tinha condições de resistir. Em 733-734 a.c., Tiglate-Pileser III conquistou a Galileia e a Transjordânia, deixando livre apenas Samaria. Ele morreu em 727 a.c., mas seu sucessor, Salmaneser V, tomou Samaria no inverno de 722 a.C.; no ano seguinte, o sucessor de Samaneser V, Sargom II, completou a destruição do Reino do Norte, removendo toda a elite e enviando colonos para ocuparem a terra devastada (Schultz, 1995).

Em 743 a.C., Tiglate-Pileser III tomou o controle da Síria e agiu contra Arpad, na região de Emat (Am 6,2; Is 10,9). Conquistou as "cidades que se haviam tomado para Azrijaú de Jaudi" (Schultz, 1995, p. 244) – provavelmente tal indicação refere-se à região de Azarias de Judá (2Rs 15.,-7), chamada também de *Uzias*. Manaém de Samaria pagou altos tributos, incluindo os nobres, o que fez com que Tiglate-Pileser III perdesse o apoio da população. De acordo com o testemunho do profeta Oseias, parece que o reinado de Tiglate-Pileser III foi marcado pelo conflito entre os partidos pró-assírios e pró-egípcios (Schultz, 1995).

Pecaías, filho de Menaém, foi morto pelo seu escudeiro. Peca, que tomou o seu lugar, rompeu com a Assíria e começou uma política de estreito entendimento com Rezim, de Damasco, com o propósito de resistir à pressão assíria. Preparou, então, uma grande aliança com o apoio dos fenícios e dos filisteus, mas o rei de Judá, Jotão, se recusou a participar. A aliança com Judá era importante, porque colocaria a liga em contato imediato com o Egito. Por causa disso, Rezim e Peca decidiram atacar Judá (Schultz, 1995).

O Rei Rezim, de Aram-Damasco, e o rei Peca, de Israel, propuseram ao rei de Judá, Acaz, que se unisse a eles numa coligação militar para desbancar o domínio assírio da Palestina, iniciado por Tiglate-Pileser III. Acaz, porém, recusou a aliança, seguindo a palavra de Deus dada por intermédio do profeta Isaías. Rezim e Peca, temendo que houvesse um traidor entre eles, atacaram Judá (734 a.C.), a fim de depor o Rei Acaz. Porém, o rei de Judá prontamente, e contra a ordem de Deus, buscou a ajuda da Assíria, que imediatamente atacou Aram-Damasco e Israel (Schultz, 1995).

Desde 734 a.c., Tiglate-Pileser III estava na terra dos filisteus (Am 6,2). Chegara a hora do ataque ao Reino do Norte (Samaria), pois Judá tinha sido invadida por tropas da Samaria (Mq 1,6; 1,10-15). Os edomitas retomaram Elate com o apoio do rei de Damasco (2Rs 16,6); Acaz resistiu ao ataque durante um tempo. O contexto era da guerra siro-efraimita. Nesse período, segundo os relatos bíblicos, Edom "persegue seu irmão" (Schultz, 1995, p. 244), representado por Jerusalém (Am 1,11). A capital do Reino do Sul estava praticamente cercada (Is 7,1-2). Os aliados desejavam acabar com uma dinastia davídica recalcitrante, que tinha se tornado impopular. Planejavam colocar no trono um filho de Tabeal, provavelmente Tubail, de Tiro (Is 7,6). Quando Acaz foi derrotado pelos siro-efraimitas, ficando cercado em Jerusalém, apelou, solicitando o apoio do rei assírio (Schultz, 1995).

A ocupação da costa da Filístia pelo rei assírio mudou o cenário, mas não solucionou a questão. Foram necessárias duas campanhas, em 733 e 732 a.C., para acabar com Damasco, tomando Gaza e desmembrando o reino de Israel. Judá, de agredido, tornou-se agressor e "mudou os limites" (Schultz, 1995, p. 244) em sua vantagem (Os 5,10). Peca foi morto e, em seu lugar, assumiu o rei Oseias, que tentou desenvolver uma política pró-assíria (Schultz, 1995).

Durante o terceiro ano de Oseias no Reino de Israel (2Rs 18,1), Acaz havia associado Ezequias ao trono. Provavelmente, é esta a cerimônia que Isaías 9,5-6 evocava. Os filisteus (Is 14,29) sentiram o grave peso da aliança entre Judá e a Assíria. Em 727 a.C., Tiglate-Pileser morreu e seu filho, Salmanaser V, assumiu – com isso, houve um novo ânimo ao partido antiassírios. O rei assírio logo ficou sabendo que o rei Oseias estava conspirando com o Egito contra ele. Em 724 a.c., Oseias foi preso e Samaria, sitiada. A cidade resistiu por aproximadamente três anos, porém, acabou sucumbindo diante do cerco (Schultz, 1995).

Em 722 a.C., Salmanaser V morreu e teve como seu sucessor Sargom II. Samaria foi conquistada e destruída durante a campanha liderada por Sargom. A população foi deportada em etapas, começando com a classe dominante. A massa do povo (cerca de 27.290 pessoas), foi deportada para a Alta Mesopotâmia, e lá perdeu a sua identidade ao experimentar uma aculturação forçada, aliada à miscigenação com os outros povos (Schultz, 1995; Baxter, 1992).

Ezequias, filho de Acaz, assumiu o trono no terceiro ano de Oseias, rei de Israel, por volta de 729 a.C. No início de seu reinado, Ezequias inaugurou uma nova política, para alegria dos filisteus. Acolheu os refugiados (Is 14,32), provavelmente os israelitas do Norte, que se recusavam a serem súditos da Assíria e devotos de seus deuses. Também fundou um novo bairro no flanco da colina do templo, chamada de "filha de Sião", protegida por um muro. Ezequias empreendeu uma reforma (2Rs 18,4) na qual Miqueias atuou como profeta (Jr 26,19; Mq 3,9-12) (Schultz, 1995; Baxter, 1992).

Em 705 a.C., Sargom foi "morto por um soldado" (Baxter, 1992, p. 141), provavelmente no campo de batalha, e com isso surgiu uma revolta geral contra a Assíria. O rei fortificou Jerusalém, uniu o Misne a Jerusalém e cavou o Canal de Siloé. Organizou uma grande aliança e retomou a política tradicional antiassíria. Isaías tomou posição contra essa política (Is 30,1-7; 31,1-3), pois, segundo o profeta, ela resultaria em fracasso para a nação de Judá. Como consequência, Senaqueribe devastou Judá. Jerusalém, então, foi isolada como uma "choça na vinha" (Baxter, 1992, p. 141). Ezequias ficou preso dentro dela "como pássaro na gaiola" (Dillard; Longman, 2006, p. 120). No entanto, a cidade escapou por um milagre, resultado da intervenção divina. Sempre fiel à dinastia, mesmo criticando seu governo, Isaías sustentou a coragem da população na hora do perigo. Ezequias terminou seu reinado como vassalo da Assíria, mas orientou Judá para a reconciliação com o Reino do Norte (Schultz, 1995).

Logo no início do livro de Isaías percebemos seu caráter crítico-profético. Os oráculos dos versículos 2 a 4 são quase idênticos aos oráculos que se encontram no livro do profeta Miqueias 4,1-3. Sabe-se que Isaías e Miqueias foram contemporâneos (Schultz, 1995).

O profeta anuncia que os revoltosos escolherão o medo (Is 2,6-10; 2,19-22); os orgulhosos serão abatidos, humilhados (Is 2,11-13) e esmagados (Is 2,14-18). Também traz uma palavra de esperança, visto que, no futuro, o povo aprenderá os caminhos de Deus (Is 2,1-3).

Aqui, a ênfase está em aprender mais de Deus e sua Lei, assim como destaca o comportamento moral e a construção de uma vida pautada na vontade de Deus. Todas as nações virão ao Templo de Jerusalém para adoração. O próprio Deus solucionará as contendas e trará paz. As nações converterão suas espadas em relhas e os seus arados e suas lanças, em podadeiras (Schultz, 1995).

1.5.2 Jeremias

As seções biográficas e autobiográficas de seu livro fazem de Jeremias o mais bem conhecido de todos os profetas escritores. Ele nasceu na vila de Anatote, ao norte de Jerusalém (Jr 1,1; 11,21-23; 29,27; 32,7-9), filho de Hilquias, um sacerdote a quem Salomão baniu por ter participado da trama de Adonias na intenção de usurpar o trono (1Rs 2,26). Nesse caso, as raízes sacerdotais de

Jeremias remontam a Moisés e Arão, passando por Eli, sacerdote no antigo santuário de Siló. A herança de Jeremias pode explicar sua ênfase na aliança mosaica e na história passada em Siló (Jr 2,1-3; 7,12-14; 15,1). Por outro lado, apesar dessa herança, seus irmãos, os parentes próximos e os vizinhos o atacaram com vigor, provavelmente por apoiar as reformas de Josias (Jr 11,21; 12,6). A abolição de santuários fora de Jerusalém e as amplas reformas de Josias podem ter privado a família de Hilquias do direito de praticar sua profissão sacerdotal. A primeira parte de seu ministério cobre os anos de seu chamado (627-626 a.C.) até a reforma de Josias (621 a.C.). Jeremias deveria ter a mesma idade de Josias e profetizou durante 40 anos (Dillard; Longman, 2006).

Josias começou a reinar com 8 anos, após o assassinato de seu pai, o Rei Amon. Seu reinado coincidiu com o repentino colapso e queda da Assíria – fator que possibilitou ao jovem rei promover a sua reforma e reorganizar o reino. Sua reforma se iniciou em seu 12º ano (628 a.C.). Em seu 18º ano de reinado, quando o secretário Safã foi enviado para tratar da restauração do templo, o sacerdote Hilquias entregou-lhe "o Livro da Lei" (Dillard; Longman, 2006, p. 122) que tinha sido encontrado no Templo; essa providencial descoberta deu um novo ímpeto à reforma (Dillard; Longman, 2006).

Concorda-se geralmente que o Livro da Lei representava o código deuteronômico (Dt 12,26), uma tradição legal do Reino do Norte que foi trazida para Jerusalém pelos refugiados levitas próximo ao tempo da queda de Samaria em 721 a.C.; o livro acabou sendo depositado no templo. Com o tempo, foi abandonado, ficando esquecido; sua redescoberta produziu um grande avivamento na reforma de Josias. Contudo, a morte trágica do rei significou o fim da reforma e o começo do fim de Judá. A reforma tinha vindo tarde demais. Na verdade, era preciso o exílio para uma rigorosa purificação do *javismo* (nome dado à religião do antigo Israel).

A conduta religiosa de Josias é elogiada sem reservas (Dillard; Longman, 2006).

Josias morreu em combate contra o Faraó Neco. Foi possível transladar o corpo de Josias para Jerusalém. O partido reformador matou o primogênito do rei, Eliaquim, e colocou Jeoacaz, filho de outra esposa, como rei. Neco fez o Rei Jeocaz vir até seu acampamento em Ribla, aprisionou-o e enviou-o ao Egito, local onde o rei morreu. Neco fez de Eliaquim rei, mudando o nome deste para Jeoaquim (Dillard; Longman, 2006).

Jeremias, com o apoio do partido reformador, fez um grande discurso que recordava o caráter condicional das promessas de Javé e evocava a destruição do antigo santuário de Siló. A reação dos sacerdotes e dos profetas do templo foi forte e contrária, encontrando eco no povo (Cazelles, 1986).

Nabucodonosor, filho e general de Nabopolassar, rei da Babilônia, venceu o Egito perto de Carquemis. Essa derrocada do Egito repercutiu nas capitais de Judá, Edom, Moabe e Gaza (Jr 45-49,25; 36,1). A Babilônia preferiu permanecer sem avançar e, de longe, aceitou os tributos dessas pequenas nações, entre as quais estava Judá, que pagou tributos durante três anos. O Egito se levantou novamente e Jeoaquim aproveitou a oportunidade para retornar a seu antigo aliado, desvencilhando-se do jugo tributário da Babilônia (2Rs 24,1). Em 600 a.C, o rei da Babilônia ficou quieto, mas em 599 a.C. fez suas tropas intervirem, unidas a bandos de arameus, moabitas e amonitas (2Rs 24,2). O país foi roubado (Jr 10,17-25; 14,17-19; 12,7-13). Enfim, Nabucodonosor colocou um cerco ao redor de Jerusalém. Jeoaquim foi morto, talvez fora dos muros da cidade, e seu corpo foi deixado sem sepultura (Jr 22,19). Logo após, seu filho Joaquim foi posto no trono (Dillard; Longman, 2006).

A deportação da classe trabalhadora é datada em 15 e 16 de março de 597 a.C. O rei babilônico movimentou-se politicamente para conseguir em Jerusalém uma administração de governo que lhe fosse fiel. Depôs Joaquim e o enviou preso para a Babilônia com a rainha-mãe, bem como suas mulheres, seus eunucos e seus dignitários, ao todo 10 mil exilados (Jr 22,26; 2Rs 24,12). O texto bíblico apresenta dois números para essa deportação, aparentando uma possível divergência: enquanto no livro de Reis o número apresentado é de 7 mil trabalhadores, entre os quais estão operários especializados, serralheiros e artífices, Jeremias cita 3.023 judeus (2Rs 24,14-16; Jr 52,28). A discrepância entre os textos tem sido geralmente resolvida com a compreensão de que o número menor representa somente os homens preparados para a guerra. O somatório de trabalhadores com os soldados se aproximaria de 10 mil pessoas (Dillard; Longman, 2006).

Durante todo o livro de Jeremias o povo é advertido por ter rompido sua aliança com o Senhor. Como consequência, viria o juízo (Jr 11,18-23). O profeta demonstrava sua queixa a Deus (Jr 12,1-4), que era respondida com base no que o próprio povo fazia (Jr 12,5-13). Deus advertiu que a justiça também sobreviria às nações (Jr 11,14-17). Uma ação simbólica foi então interpretada em relação à inutilidade de Judá e sua destruição vindoura, por isso Deus deu uma ordem a Jeremias para comprar e esconder entre as rochas um cinto de linho e depois apanhá-lo (Jr 13,1-14), significando que Deus arruinaria o orgulhoso povo de Judá, da mesma forma que fez o solo com a cinta. E o próprio apelo de Jeremias a Judá (Jr 13,15-23) foi novamente respondido. Desse modo, o profeta retomou o tema da aliança rompida (Dillard; Longman, 2006).

1.5.3 Amós

Amós é o terceiro da listagem dos 12 profetas menores. As poucas informações que temos sobre ele foram ditas por ele mesmo, no livro que leva seu nome. Era pastor, boiadeiro e colhedor de sicômoros (Am 1,1; 7,14). O sicômoro era um tipo de figo silvestre, inferior ao figo comum, um alimento consumido principalmente pelos pobres (Dillard; Longman, 2006).

Raras foram às vezes que o nome de alguém e o seu chamado estiveram tão interligados. *Amós* significa "carregador de fardos", por conseguinte, isso tem tudo a ver com a missão que a vida reservava a ele. Era natural de Tecoa, uma aldeia que ficava a menos de 20 quilômetros ao sul de Jerusalém. Diante disso, descobrimos que Amós pertencia ao Reino do Sul, mas, curiosamente, o público-alvo de sua mensagem foi o Reino do Norte. Ele foi enviado para profetizar em Betel, o centro religioso de Israel (Reino do Norte), e, além de falar ao povo de Israel, também profetizou juízo sobre as seguintes regiões: Assíria (Damasco), Filístia (Gaza), Fenícia (Tiro), Edom, Amom e Moabe (Dillard; Longman, 2006).

Há um detalhe interessante em relação ao público-alvo para quem Amós destinou a sua mensagem. A primeira parte de sua profecia de juízo foi para Damasco (Am 1,3-5), depois profetizou contra Gaza (1,6-8), Tiro (1,9-10), Edom (1,11-12), Amom (1,13-15) e Moabe (2,1-3). Até esse momento, aparentemente estava tudo bem, pois os povos alcançados pela mensagem de Amós eram inimigos do Reino do Sul. No entanto, a partir de Amós 2,4-5, sua profecia começa a apontar os erros de Judá e, de forma definitiva, inicia o seu discurso em Amós 2,6, relatando os erros e as reprovações de Israel. Ele continua nessa direção até a conclusão do livro. (Dillard; Longman, 2006)

Amós fora contemporâneo de Oseias, entretanto, eles enfatizaram pontos diferentes em suas respectivas profecias. Oseias atacou a postura adúltera de Israel, enquanto Amós tratou das estruturas sociais injustas e corruptas desse povo. O próprio Amós informa que não era profeta por formação. Sabemos que em alguns momentos do Antigo Testamento existiram organizações como as escolas dos profetas, entidades responsáveis pelo ensino formal de alguém que se preparava para ser profeta. Porém, o ministério de Amós era fruto apenas do chamado de Deus. O termo *filho de profeta* (Am 7,14-15), que em hebraico é *bem nabhi*, não falava sobre filiação biológica, mas sim sobre as instituições que formavam uma corporação profética – esse termo era uma expressão idiomática comum ao povo hebreu (Dillard; Longman, 2006). Por causa disso, Elizeu chamava Elias de *meu pai*, pois um relacionamento de paternidade e filiação marcava a formação profética daquele tempo (MacDonald, 2010).

Amós foi um profeta social. A principal denúncia do seu ministério foi a ira de Deus contra a injustiça social em Israel, dado que a opressão aos pobres, de forma vergonhosa, havia se tornado um comportamento marcante naquela sociedade: "Vós que dormis em camas de marfim, e vos estendeis sobre os vossos leitos, e comeis os cordeiros do rebanho e os bezerros do meio da manada; que bebeis vinhos em taças e vos ungis com o mais excelente óleo, mas não se sentem afligidos pela ruína da casa de José" (Am 6,4-6).

Síntese

Neste capítulo, vimos os primórdios da religião antiga dos israelitas e a importância da figura de Moisés para a estruturação da referida religião. Além disso, pudemos verificar que a Lei de Moisés se tornou a matriz de todo o corpo doutrinário dos israelitas, pautando suas ações morais e religiosas. Entretanto, os profetas também exerceram uma contribuição de destaque na formação religiosa do povo de Israel, pois, com seus oráculos, advertiam os israelitas de que estes deviam prestar culto exclusivamente a Deus. Tal postura consolidou a crença no monoteísmo (apenas um Deus), criando também uma singularidade religiosa entre os israelitas, tendo em vista que outras nações, como os cananeus, eram politeístas (crença em mais de um Deus).

Atividades de autoavaliação

1. Leia atentamente a citação indicada a seguir, reflita sobre o que vimos no capítulo e depois marque V para verdadeiro e F para falso nas afirmativas.

   O interesse no Antigo Testamento é universal. Milhões de pessoas voltam a suas páginas para rastejar os princípios do judaísmo, o cristianismo, ou o Islã. Outras pessoas, sem número, o fizeram procurando sua excelência literária. Os eruditos estudam diligentemente o Antigo Testamento para a contribuição arqueológica, histórica, geográfica e linguística que possui, conducente a uma melhor compreensão das culturas do Próximo Oriente e que precedem à Era Cristã. Na literatura mundial, o lugar que ocupa o Antigo Testamento é único. Nenhum livro – antigo ou moderno – teve tal atração na escala mundial, nem foi transmitido com tão cuidadosa exatidão, nem foi tão extensamente distribuído. Aclamado por homens de Estado e seus súditos, por homens de letras e pessoas de escassa ou nula cultura, por ricos e pobres, o Antigo Testamento nos chega como um livro vivente. De forma penetrante, fala a todas as gerações. (Schultz, 1995, p. 152)

   [ ] A organização do povo hebreu nesse período estava fundada em torno da liderança patriarcal.

   [ ] O período patriarcal vai de Abrão ao exílio babilônico.

   [ ] Teologicamente falando, o ponto focal da parte intermediária de Gênesis é a aliança de Abraão.

   [ ] Era um costume do Oriente Próximo o pai entregar a maior herança ao filho primogênito, que também recebia uma série de privilégios e responsabilidades.

   [ ] José ficou conhecido na história bíblica como *José da Babilônia*.

Agora, assinale a alternativa que apresenta a sequência correta:

A] F – F – V – F – F.
B] V – V – V – F – F.
C] V – F – V – V – F.
D] V – F – V – F – F.
E] F – F –V – V – F.

2. Marque V para verdadeiro e F para falso nas afirmações a seguir.
   [ ] Durante o período de seu aprisionamento injusto no Egito, José ficou conhecido como intérprete de profecias.
   [ ] A história bíblica descreve a autocompreensão de José ao entender que, por meio do seu sofrimento, Deus pavimentou um caminho para executar o plano divino e preservar Israel do quadro generalizado de fome.
   [ ] De acordo com a tradição judaica, Deus enviou sete pragas ao Egito.
   [ ] De acordo com a tradição judaica, Deus enviou dez pragas ao Egito.
   [ ] Partindo do Egito, o povo de Israel foi para o deserto, que ficava entre Elim e Sinai.

Agora, assinale a alternativa que apresenta a sequência correta:

A] F – F – F – V – V.
B] F – V – F – F – V.
C] F – V – F – V – F.
D] F – V – F – V – V.
E] V – V – F – V – V.

3. Marque V para verdadeiro e F para falso nas afirmações a seguir.
   [ ] Cinco anos após a saída de Israel do Egito, os hebreus chegaram ao deserto do Sinai.
   [ ] A Aliança da Lei foi firmada entre Deus e a nação de Israel no Monte Horebe.

[ ] A fim de serem conscientizados sobre a importância do pacto da lei, os hebreus tiveram de obedecer a uma série de preparativos, como lavar as vestes e evitar a prática de relações sexuais.
[ ] O Decálogo foi pronunciado por Deus em voz audível.
[ ] Os quatro primeiros mandamentos revelam características de Deus e como Ele deseja ser conhecido e tratado pelo seu povo.

Agora, assinale a alternativa que apresenta a sequência correta:

A] F – F – V – V – V.
B] F – V – F – V – V.
C] F – F – V – F – V.
D] F – F – F – V – F.
E] F – F – V – F – F.

4. Marque V para verdadeiro e F para falso nas afirmações a seguir.
[ ] Enquanto o livro de Josué destaca as vitórias de Israel no período da conquista de Canaã, o livro de Juízes se concentra nas derrotas do povo.
[ ] A autoria do livro de juízes é atribuída a Josué.
[ ] O livro de juízes reflete episódios entre a morte de Josué e o estabelecimento da monarquia em Israel.
[ ] Durante o período dos juízes, o povo hebreu passou a ser oprimido em sua própria terra pelos moabitas, midianitas, amonitas e filisteus.
[ ] Homens e mulheres capacitados pelo Espírito de Deus conquistaram a liberdade para o povo durante o período dos juízes.

Agora, assinale a alternativa que apresenta a sequência correta:

A] V – V – F – V – V.
B] V – F – V – V – V.

c] V – V – V – V – V.
d] V – F – V – F – V.
e] V – F – F – V – F.

5. Marque V para verdadeiro e F para falso nas afirmações a seguir.
   [ ] Os profetas maiores são Isaías, Jeremias, Ezequiel e Malaquias.
   [ ] Os profetas menores são Oseias, Joel, Amós, Obadias, Jonas, Miqueias, Naum, Habacuque, Sofonias, Ageu, Zacarias e Daniel.
   [ ] A Assíria era conhecida por sua crueldade e sua imposição religiosa, que obrigava os povos subjugados a adorarem aos seus deuses.
   [ ] Amós é o terceiro da listagem dos 12 profetas menores. As poucas informações que temos sobre ele foram ditas por ele mesmo, no livro que leva seu nome. Era pastor, boiadeiro e colhedor de sicômoros.
   [ ] Amós foi contemporâneo de Oseias, entretanto, eles enfatizaram pontos diferentes em suas respectivas profecias.

   Agora, assinale a alternativa que apresenta a sequência correta:
   a] F – F – F – V – V.
   b] F – F – V – V – F.
   c] V – F – V – F – V.
   d] F – V – V – V – V.
   e] F – F – V – V – V.

Atividades de aprendizagem

Questões para reflexão
1. Conforme estudamos, os líderes do povo de Israel foram de grande relevância na estruturação religiosa. Moisés, o líder libertador, e, posteriormente, os juízes ajudaram na consolidação

do primeiro rol de crenças hebraicas. Mesmo assim, o povo sempre se distanciava da proposta divina. Essa seria uma tendência humana de rejeitar dogmas?
2. Os profetas menores foram grandes críticos do sistema religioso, político e social em Israel. Em que medida a religião pode se institucionalizar e perder sua essência original?

Atividade aplicada: prática
1. Faça uma pesquisa no livro de Amós e destaque quais eram as principais críticas feitas por esse profeta.

A VIDA CRISTÃ: AGOSTINHO DE HIPONA E TOMÁS DE AQUINO

Agostinho e Tomás de Aquino estão na lista dos teólogos mais destacados do período antigo e medieval. Seus ensinos e escritos moldaram boa parte do pensamento cristão do ocidente. Neste capítulo, iremos estudar a biografia desses baluartes do cristianismo, bem como suas principais elaborações teológicas. No futuro, a teologia de Santo Agostinho e Tomás de Aquino viriam a influenciar estruturas que fundamentam o pensamento social. Veremos mais adiante que teóricos e filósofos contemporâneos, como Hannah Arendt, foram influenciados por Agostinho.

2.1 Biografia de Agostinho de Hipona

Um dos pais da Igreja sobre o qual mais sabemos a respeito é Aurelius Augustinus, mais conhecido como *Agostinho*, que por volta do ano 400 escreveu uma autobiografia intitulada *Confissões*. Nessa obra, Agostinho fornece informações sobre sua infância, juventude, família e questões teológicas. Ele viveu entre 354 e 430, de modo que a influência do pensamento agostiniano se estendeu por longos períodos. Ele nasceu numa cidade norte-africana chamada Targaste e, ao passo que sua mãe, Mônica, era cristã, seu pai, um funcionário romano, era pagão (McGrath, 2007).

Agostinho deixou a África e foi viver na cidade italiana de Milão. Nessa cidade, enquanto ensinava oratória na Academia de Artes, interessou-se pela leitura de obras a respeito do neoplatonismo. Tais leituras o fizeram perceber que existe uma realidade espiritual infinita, além de terem dado bases para seu pensamento a respeito do mal. Antes disso, Agostinho acreditava que o cristianismo não tinha respostas convincentes a respeito da existência do mal no mundo. Se Deus é Onipotente e Todo-Poderoso, por que existiria tanta maldade no mundo? Era um dos questionamentos de Agostinho. Com efeito, o neoplatonismo, que era uma filosofia pagã, deu-lhe algumas bases para compreender essa realidade (McGrath, 2007).

Ainda em Milão, segundo McGrath (2007), Agostinho passou a se interessar pelas pregações do Bispo Ambrósio, escondendo-se nas partes do fundo da catedral para ouvir suas mensagens. Até então, Agostinho acreditava que o cristianismo era uma religião de pessoas ignorantes e incultas, mas, mediante a pregação do Bispo Ambrósio, percebeu que era possível ser intelectual e cristão. Em 386, Agostinho estava em um jardim com um amigo chamado Alípio, lendo a carta de Paulo aos Romanos; quando leu Romanos 13,14, *"revesti-vos do Senhor Jesus Cristo"* (Bíblia. Romanos, 1995, 13:14), seu coração se abriu ao evangelho. Veja o relato de Agostinho a respeito desse momento:

> Quando essas profundas reflexões extraíram do mais íntimo do meu ser toda a minha miséria e as expuseram perante meu coração, fez-se enorme tempestade desencadeando uma copiosa torrente de lágrimas. Para dar-lhes vazão, com espontaneidade, afastei-me de Alípio, pois a solidão se apresentava a mim apropriada ao choro. Assim, retirei-me o suficiente para que sua presença não me constrangesse. Eis o estado em que me encontrava e Alípio bem o adivinhou, porque lhe disse, julgo eu, qualquer coisa num

tom de voz embargado pelo choro e, então, me levantei. Completamente atônito, Alípio permaneceu imóvel no local onde estávamos. Corri, não sei como, para debaixo de uma figueira e dei livre curso às lágrimas, que irromperam como rios de meus olhos em um agradável sacrifício a ti. E muitas perguntas de fiz [sic], não com estas mesmas palavras, mas com outras de mesmo teor: "E tu, Senhor, até quando? Até quando continuará irritado? Não te lembres de nossas iniquidades passadas". Sentia-me, ainda, prisioneiro delas. E estes tristes lamentos vieram à tona: "Por quanto tempo, por quanto tempo? Amanhã, amanhã? Por que não agora? Por que minha torpeza não encontra fim?" Assim falava e chorava com o coração oprimido pela mais amarga dor. Eis que, de repente, ouvi uma voz, não sei bem se de menino ou menina, vinda de uma casa vizinha, que cantava e repetia continuamente: 'Toma e lê; toma e lê'.

Imediatamente meu semblante mudou e comecei a considerar seriamente se as crianças normalmente entoavam essa canção em alguma brincadeira, pois não me recordava de tê-la ouvido em parte alguma. Então reprimi o ímpeto de minhas lágrimas e levantei-me, convencido de que se tratava de uma mensagem do céu que me ordenava a abrir o livro e ler o primeiro capítulo que encontrasse. Apressado, voltei aonde Alípio estava sentado, pois lá tinha deixado o livro dos apóstolos quando me levantei. Peguei-o, abri e, em silêncio, li o primeiro capítulo em que deitei os olhos: "não em orgias e bebedeiras, não em imoralidade sexual e depravação, não em desavença e inveja. Ao contrário, revistam-se do Senhor Jesus Cristo e não fiquem premeditando como satisfazer os desejos da carne [Rm 13.13,14]". Não quis ler mais, nem era necessário; pois mal acabara de ler essas palavras e, como se uma luz de certeza tomasse meu coração, todas as trevas da dúvida se dissiparam. (Agostinho, 1984, p. 32)

Depois de sua conversão, Agostinho foi batizado pelo bispo Ambrósio e durante certo tempo dedicou-se à vida monástica. Possivelmente sofrendo de alguma forma de asma, ele deixou a Itália e voltou para o norte da África, onde foi consagrado bispo em 391, na cidade de Hipona. É interessante observar que Agostinho não fazia questão de receber tal consagração nem estar à frente de alguma igreja. Com 42 anos de idade, ele então era o bispo de uma das igrejas mais importantes da África do Norte. Seu episcopado naquela igreja durou cerca de 30 anos (McGrath, 2007).

Durante esse período, Agostinho esteve envolvido com questões da vida política da Igreja e, também, com assuntos teológicos sobre os mais variados temas: criação, Trindade (crença de que Deus é Pai, Filho e Espírito Santo), pecado, graça, livre-arbítrio, bem e mal, entre vários outros. No que diz respeito à criação, Agostinho rejeitava a ideia de que o mundo foi criado em sete dias literais, mas que esses dias dizem respeito a eras de duração indefinida. A respeito a Trindade, Agostinho afirmava que, de tão misteriosa que era essa doutrina, quem tentar negá-la perderá a salvação, mas quem tentar explicá-la, perderá a cabeça. Mas, apesar de reconhecer isso, Agostinho escreveu centenas de páginas sobre a Trindade (McGrath, 2007).

A literatura agostiniana é vasta e não pretendemos esgotar todo o assunto, mas descreveremos duas importantes controvérsias agostinianas: a controvérsia da Igreja e dos sacramentos e a controvérsia pelagiana.

2.2 O pensamento agostiniano

Agostinho enfatizou a pecaminosidade dos cristãos, apontando que o objetivo da Igreja não é o de ser uma comunidade de pessoas perfeitas, mas um corpo constituído de santos e pecadores. Ele usa o exemplo da parábola do trigo e do joio. O que fazer com o joio que nasce junto com o trigo? Deve-se arrancá-lo? Para Agostinho, a tentativa de arrancar o joio poderia prejudicar também o trigo. Portanto, a separação entre o bem e o mal será feita no fim dos tempos, e não agora.

Agostinho foi claro a respeito da impossibilidade de julgamentos desse tipo sob pena de se cometer erros, pois Deus é o único capaz de olhar nos corações dos homens. Para Agostinho, a parábola de Mateus 13,24-31 representa a Igreja no mundo e, por isso, deve-se esperar que ela inclua pecadores e santos. Toda tentativa de separar o bem do mal pode ser precipitada, pois quem fará isso será o próprio Deus, no final da história humana. Portanto, nenhum ser humano possui a plena autoridade de tomar o lugar de Deus e fazer esse julgamento (McGrath, 2007).

Quando Agostinho fala que a Igreja é santa, o que ele está querendo dizer? Para ele, a Igreja é santa não porque seus membros são santos, mas sim porque Cristo é Santo. Nenhuma Igreja pode ser totalmente santa nesse mundo, tendo em vista que seus membros são pessoas contaminadas pelo pecado original. Com efeito, a Igreja é santificada por intermédio de Cristo, e esse aperfeiçoamento será concluído, de forma definitiva, no juízo final.

Agostinho, ao falar a respeito disso, está dando uma resposta aos donatistas – grupo de cristãos que pregavam uma vida cristã com alto grau de moralidade. Ele dizia que enquanto a igreja estivesse nesse mundo ela teria pecados e defeitos por ser uma instituição composta por pessoas pecadoras. Uma questão levantada pelos donatistas questionava se a ordenação feita por *traditores* (traidores), que haviam entregado livros sagrados durante a perseguição ou negado que eram cristãos, deveria ser reconhecida. Para os donatistas, apenas pessoas puras podiam ministrar os sacramentos da Igreja de maneira apropriada. Portanto, os *traditores* não poderiam ministrar adequadamente, de modo que ordenações, batismos ou eucaristia ministrados por eles não eram válidos, segundo os donatistas.

Essa atitude dos donatistas estava fundamentada no ensino de Cipriano de Cartago, convertido ao cristianismo em 246. De acordo com Cipriano, ao negar a fé, os bispos teriam cometido o pecado de apostasia, portanto, colocavam-se fora dos limites da Igreja; em razão disso, não eram mais aptos para ministrar os sacramentos desta (McGrath, 2007). Cipriano também ficou conhecido por sua defesa da Igreja, de modo que sobre ela afirmou: "quem não tem a Igreja como mãe não pode ter Deus como Pai" (McGrath, 2007, p. 77).

De acordo com os donatistas, era preciso substituir os *traditores* por pessoas que se mantiveram firmes na fé cristã durante o período da perseguição. Além disso, todas as pessoas tinham de ser batizadas ou ordenadas novamente, caso tivessem sido batizadas e ordenadas pelos *traditores*; ou seja, os donatistas praticavam o rebatismo. Quando Agostinho assumiu a igreja em Hipona, havia uma grande facção na liderada pelos donatistas. Agostinho argumentou que o donatismo dava ênfase exagerada às qualidades humanas em detrimento da graça e misericórdia de Cristo. Observe uma das argumentações dos donatistas:

> "Buscamos a consciência", diz [Petiliano], "daquele que ministra [os sacramentos], ministrando santidade, para purificar a consciência daquele que recebe. Pois, todo aquele que recebe fé conscientemente de um infiel, não recebe fé, e sim culpa". E prossegue dizendo: "Então, como testar isso? Pois tudo consiste de uma origem", diz ele, "e de uma raiz; se não possui algo como sua fonte, não é nada. Da mesma forma, nada pode receber verdadeiramente um segundo nascimento a menos que seja nascido de novo e de boa semente". (McGrath, 2007, p. 93)

No entanto, Agostinho reafirmava sua posição a respeito da Igreja como um corpo misto, composto de santos e pecadores, de modo que a eficácia dos sacramentos não está nos méritos dos ministros, mas sim na pessoa de Jesus Cristo, que instituiu os sacramentos:

> Para mim é extremamente claro que, quanto à questão do batismo, devemos considerar não aquele que o dá, mas aquilo que se dá; não aquele que recebe, mas aquilo que recebe. Por esse motivo, portanto, aquele que está ao lado do diabo não pode macular o sacramento que pertence a Cristo. Quando o batismo é ministrado pelas palavras do evangelho, por maior que seja a perversidade do ministro ou do recipiente, o sacramento em si é santo em função daquele a quem ele pertence. No caso de pessoas que recebem o batismo de um indivíduo perverso, se elas recebem não a perversidade do ministro, mas a santidade do mistério, sendo unidas à igreja em boa fé, esperança e caridade, tais pessoas receberão o perdão dos pecados. (Agostinho, citado por McGrath, 2007, p. 92-93)

De acordo com Agostinho, as qualidades pessoais do ministrante não influenciam no sacramento, mas a eficácia desse sacramento depende da santidade e da graça de Deus. Não que Agostinho quisesse dizer com isso que todos eram aptos a serem ministros. Toda essa discussão acontecia em razão dessa ênfase que os donatistas davam aos altos padrões morais dos ministros. Era como se a Igreja fosse constituída apenas de pessoas perfeitas e santas, e Agostinho procurou desfazer essas ideias (McGrath, 2007).

Outra controvérsia que surgiu também com Agostinho foi com respeito à liberdade humana e graça divina, que deu origem à controvérsia pelagiana.

> **IMPORTANTE!**
> Desde sua conversão, Agostinho sempre deu ênfase à graça e soberania de Deus. Não foi ele quem escolheu Deus, mas Deus escolheu Agostinho. Mas como relacionar a soberania de Deus com a liberdade humana? Para isso é importante conhecermos a concepção de Agostinho de livre-arbítrio. De acordo com a visão agostiniana, o livre-arbítrio foi enfraquecido pelo pecado, porém não foi completamente eliminado. Para que o livre-arbítrio seja restaurado, é necessária uma ação divina no homem. O livre-arbítrio existe, no entanto, encontra-se distorcido em razão do pecado.

Agostinho argumenta que o livre-arbítrio tem a tendência de escolher o mal. Ou seja, o livre-arbítrio é capaz de tomar decisões, todavia, tem uma propensão para o mal. Sendo assim, todos os homens são dotados de livre-arbítrio, porém, ele está afetado pelo pecado.

Pelágio, um cristão que vivia em Roma, começou a ensinar doutrinas contrárias às doutrinas de Agostinho, o que se tornaria numa das maiores controvérsias da história da teologia. De acordo com Pelágio, os homens possuíam total livre-arbítrio e eram totalmente responsáveis por seus próprios pecados. O homem não nasce com uma incapacidade em decorrência do pecado, mas tem perfeitas condições de escolher o bem ou o mal (McGrath, 2007).

Pelágio era contra a doutrina de um pecado herdado, como podemos observar na argumentação a seguir:

> [Em vez de considerarmos os mandamentos de Deus um privilégio] ... clamamos a Deus e dizemos, "Isto é fatigante demais! Isto é difícil demais! Não podemos fazê-lo! Somos apenas humanos, e a fraqueza da carne nos impede!". Loucura cega! Presunção ostensiva! Com isso, acusamos o Deus do conhecimento de uma

> dupla ignorância – ignorância da própria criação e dos próprios mandamentos de Deus. Seria como se, esquecendo-se da fraqueza da humanidade – sua própria criação – Deus tivesse imposto sobre nós mandamentos que somos incapazes de suportar. E, ao mesmo tempo – que Deus nos perdoe! – atribuímos injustiça ao Justo e crueldade ao Santo; primeiro, nos queixando de que Deus ordenou o impossível, segundo, imaginando que alguns receberão a condenação de Deus por algo que não são culpados; de modo que – ah! Que blasfêmia! – Deus é tido como Aquele que busca nos castigar, e não salvar... Ninguém conhece a extensão de nossa força melhor do que o Deus que nos deu essa força... Deus não decidiu ordenar nada impossível, pois Deus é justo; e não condenará ninguém por algo que não é culpado, pois Deus é santo. (Pelágio, citado por McGrath, 2007, p. 96-97)

De acordo com Pelágio, o pecado de Adão é apenas o pecado de Adão, de modo que esse pecado não pertence a toda humanidade; ou seja, para Pelágio não há pecado original. Cada indivíduo é responsável por seus próprios atos pecaminosos. Quando as crianças nascem, estão na mesma condição de Adão antes da queda, ou seja, inocentes. Ninguém pode ser chamado de *pecador* antes de ter cometido algum tipo de pecado. Se o homem não nasce pecador e tem condições de manter-se sem pecado ao longo da vida, como se dá a salvação na concepção pelagiana? A humanidade é justificada com base em seus próprios méritos. O homem, por meio de seu livre-arbítrio, decide, escolhe não pecar, e assim alcança a salvação divina (McGrath, 2007).

Todavia, Agostinho possuía uma visão contrária à visão de Pelágio, como podemos ver nos seguintes argumentos:

> Sem dúvida a natureza humana foi criada originalmente irrepreensível e sem nenhuma imperfeição; mas a natureza humana pela

qual cada um de nós é agora nascido de Adão requer um médico, pois não é saudável. Todas as coisas boas que ela possuiu, por sua concepção, vida, sentidos e mente, vêm de Deus. Aquele que a criou e formou. Mas a fraqueza que obscurece e incapacita essas qualidades naturais boas, e em decorrência da natureza pecaminosa precisa de esclarecimento e cura, não veio do Criador irrepreensível, mas do pecado original. Por esse motivo, nossa natureza culpada está sujeita à pena justa. Mas a graça de Cristo, sem a qual nem os bebês nem os adultos podem ser salvos, não é concedida como recompensa por méritos, mas dada gratuitamente, motivo pela qual é chamada de graça. (Agostinho, citado por McGrath, 2007, p. 100-101)

Para Agostinho, todos os homens nascem pecadores, e os textos paulinos, principalmente Romanos, Capítulo 5, foram usados para fundamentar a doutrina do pecado herdado. A maneira como Agostinho entendeu a inter-relação entre o pecado humano e a graça de Deus tornou-se de grande importância para a Reforma Protestante pouco mais de mil anos depois. Para Agostinho, uma pessoa não convertida era escrava do pecado e só poderia alcançar a salvação por iniciativa e misericórdia de Deus. No entanto, apenas alguns foram destinados à salvação, enquanto outros foram destinados à perdição (McGrath, 2007).

2.3 Tomás de Aquino

Tomás de Aquino é um dos maiores expoentes entre os escolásticos e, sem sombras de dúvidas, um dos maiores pensadores de todos os tempos. De índole aristotélica, construiu o maior sistema teológico-filosófico da Idade Média.

A biografia de Tomás de Aquino não apresenta momentos dramáticos e pode ser resumida a uma vida dedicada ao estudo e à meditação. Italiano por parte do pai, Landolfo, conde de Aquino, e normando pelo lado da mãe, Teodora, Tomás nasceu no Castelo de Roccasecca, no sul do Lácio, em 1221. Estudou inicialmente sob orientação dos monges beneditinos da Abadia de Monte Cassino e, em 1224, em Nápoles, ingressou na Ordem dos Dominicanos, atraído pela nova forma de vida religiosa, aberta às novas dinâmicas sociais, envolvida no embate cultural e livre dos interesses mundanos. De 1248 a 1252, foi discípulo de Alberto Magno, em Colônia (McGrath, 2007).

Quando, em 1252, o mestre-geral da Ordem dos Dominicanos solicitou um jovem bacharel (seria hoje uma espécie de professor-assistente) para encaminhar à carreira acadêmica na Universidade de Paris, Alberto Magno não hesitou em indicar Tomás de Aquino. Assim, Aquino ensinou em Paris, de 1252 a 1254, como bacharel biblista e, de 1254 a 1256, como bacharel sentenciário (McGrath, 2007). Dos seus ensinos bíblicos não temos nenhum registro escrito. Já de seu comentário à obra *Quatro livros de sentenças Sentenças*, de Pedro Lombardo, temos a monumental *Scriptum in libros quattour sententiarum* (Cairns, 1995). São desse período também os opúsculos *De ente et essentia* e *De principiis naturae*, nos quais Tomás expõe os princípios metafísicos gerais sob quais iria fundamentar todas as suas reflexões posteriores (Cairns, 1995). Tomás seguiu as atividades universitárias, e de 1256 a 1259 lecionou em Paris. A esse período remontam *Questiones disputatae de veritatei*, o comentário ao *De Trinitate*, de Boécio, e *Summa Contra Gentiles* (Cairns, 1995).

Depois desse período em Paris, Tomás peregrinou (como era o costume dos mestres da ordem dominicana) pelas maiores universidades europeias (Roma, Nápoles, Bolonha, Colônia). São desse período *Quaestioni disputate de potentia*, o comentário ao *De divinis nominibus*, de Pseudo-Dionísio, *Compendium theologiae* e *De substantiis separatis*. Chamado pela segunda vez à Paris para combater os antiaristotélicos e os averroístas[1], escreveu *De aeternitate mundi* e *De unitate intellectus contra averroistas* e preparou o esboço daquela que seria sua maior obra, a *Summa theologiae*, iniciada em Roma e Viterbo, continuada em Paris e depois em Nápoles, mas não concluída (Cairns, 1995).

Com a saúde já bastante debilitada, Tomás de Aquino veio a falecer em 7 de março de 1274, aos 53 anos, na abadia de Fossanova, quando viajava para Lion, onde participaria, por ordem do Papa Gregório X, do Concílio de Lion (Cairns, 1995).

Em todas as obras de Tomás está sempre presente uma vasta erudição não haurida das fontes originais. Afinal, ele não conhecia o hebraico, o grego e o árabe. Tomás estava limitado ao latim. Mas isso não o impediu de conhecer e de se utilizar de inúmeros autores profanos, como Eudóxio, Euclides, Hipócrates, Galeno e Ptolomeu, filósofos gregos, especialmente Platão e Aristóteles, árabes e judeus, como Al Farabi, Avempace, Al Ghazali, Avicebrom, Avicena, Averróis, Israeli, e escolásticos, como Anselmo de Aosta (mais conhecido como Santo Anselmo), Bernardo de Clairvaux, Pedro Lombardo, entre outros. Embora tenha acessado todas essas fontes, a erudição de Tomás de Aquino teve forte influência de seu mestre, Alberto Magno (Cairns, 1995).

Foi especialmente em Paris que Tomás pôde experimentar mais intensamente os conflitos intelectuais típicos de sua época: a oposição entre o conhecimento pela fé e o conhecimento pela razão, a teologia e a filosofia, a crença na revelação bíblica e a investigação dos filósofos gregos. Em Paris, essas discussões ganharam um contorno especial, pois a cidade, além de ser a capital do maior

---

[1] "Averroísmo é um termo que pode se referir a dois movimentos que percorreram a escolástica do fim do século XIII: a agitação suscitada pelas interpretações de Aristóteles feitas pelo filósofo islâmico Averroes e por suas ideias de reconciliação entre o aristotelismo e a fé islâmica; e a tentativa de aplicar essas ideias nas tradições intelectuais latino-cristãs e judaicas, tal como manifesta em Siger de Brabante, Boécio de Dácia e Moisés Maimônides. O termo foi originalmente cunhado por Ernst Renan" (Averroísmo, 2022, grifo do original).

reino da Europa até então, era o maior centro intelectual e atraía estudantes de todas as regiões. Paris era uma cidade em ebulição, tanto no aspecto cultural como no aspecto político. Nos espaços institucionalizados, as disputas de poder se mostravam calorosas. O papado não renunciava ao seu direito de organização das universidades e exercia-o no sentido de combater a predominância dos *dialéticos* (como eram chamados os professores de filosofia) sobre os teólogos. Uma determinação papal de 1231 afirmava que a dialética não deveria ser mais do que uma auxiliadora da teologia, e os mestre em teologia não deveriam fazer ostentação de filosofia (Cairns, 1995).

Os conflitos que já ocorriam há algum tempo acentuaram-se com a divulgação da filosofia aristotélica, graças às traduções feitas pela Escola de Tradutores de Toledo na segunda metade do século XII. Os efeitos da filosofia aristotélica foram significativos. O elemento mais importante e causador de conflitos entre os admiradores de Aristóteles e os defensores da fé cristã estava no fato de que a concepção aristotélica do mundo, à primeira vista, apresentava um conteúdo muito distinto da visão cristã. Na física aristotélica, o mundo é eterno e incriado. Deus é o motor móvel do universo, a causa incausada, o pensamento que pensa a si mesmo, mas que nada cria, apenas move o mundo como sua causa final. Por sua vez, a alma não é mais do que a forma do corpo: ela nasce e morre com o corpo, não possuindo nenhuma destinação sobrenatural. Em suma, a filosofia aristotélica ignorava as noções de um Deus criador e providente, de uma alma imortal, da queda e da redenção da humanidade, noções caras à doutrina cristã (Cairns, 1995).

Mesmo com essa distância entre o pensamento de Aristóteles e os dogmas cristãos, a filosofia aristotélica ganhou muitos adeptos entre os dialéticos, que se esforçavam para harmonizá-la à revelação bíblica. Todavia, os esforços eram insuficientes e os conflitos persistiam. A filosofia aristotélica não servia ao controle papal e medidas contundentes foram tomadas. Em 1211, o concílio de Paris proibiu o ensino da física de Aristóteles. Em 1215, ao formular os estatutos da Universidade de Paris, o legado papal proibiu a leitura da *Metafísica* e da *Filosofia natural* do filósofo. Contudo, as proibições caíram no vazio diante do entusiasmo dos mestres e estudantes. Diante disso, o Papa Gregório IX permitiu o uso das obras de Aristóteles, desde que delas fossem expurgadas todas as afirmações contrárias aos dogmas cristãos. Iniciou-se, assim, o processo de cristianização da filosofia aristotélica. Esse processo só se tornou possível graças à capacidade analítica e de organização metódica de Tomás de Aquino (Cairns, 1995).

Para Tomás, a razão e a filosofia são *preambula fidei* (preâmbulos fiéis). Em outras palavras, o objetivo da razão e da filosofia é oferecer razões de credibilidade ao que é proposto pela fé, àquilo que a teologia afirma, dando a esta última bases que a justifiquem como ciência.

2.4 O pensamento de Tomás de Aquino

Segundo Tomás de Aquino, embora a filosofia possua configuração e estrutura próprias, ela não exaure tudo o que se pode dizer e conhecer. Dessa forma, é preciso integrá-la ao que está contido na santa doutrina sobre Deus, sobre o homem e sobre o mundo. Na realidade, a diferença entre a filosofia e a teologia não está no objeto, naquilo a que se referem, pois ambas falam de Deus, do homem e do mundo. "A diferença está no fato de que a primeira oferece um conhecimento imperfeito daquelas mesmas coisas que a teologia está em condições de esclarecer em seus aspectos e conotações específicos relativos à salvação eterna" (Reale; Antiseri, 1990, p. 554).

Assim, a fé melhora a razão, do mesmo modo que a teologia melhora a filosofia. "**A graça não suplanta, mas aperfeiçoa a natureza**" (Reale; Antiseri, 1990, p. 555, grifo do original). Segundo Reale e Antiseri (1990), essa afirmação significa duas coisas: 1) que a teologia retifica a filosofia, isto é, a teologia não substitui a filosofia, não a elimina, mas a orienta, assim como a fé orienta a razão, de modo que é necessária uma correta filosofia para ser possível fazer uma boa teologia; 2) que a filosofia, como *preambula fidei*, tem uma autonomia própria, porque "é formulada com instrumentos e métodos não assimiláveis aos instrumentos e métodos da teologia" (Reale; Antiseri, 1990, p. 555).

IMPORTANTE!

Apesar de a teologia desfrutar de uma posição mais elevada em Tomás de Aquino, ele não a considera como substituta da filosofia. Na *Súmula contra os gentios*, Tomás, ao falar das verdades relativas a Deus, afirma que existem verdades que excedem a razão humana, como a verdade de que Deus é uno e trino. Porém, existem verdades que podem ser pensadas pela razão natural, tais como a verdade da existência de Deus, de que ele é uno, entre outras (Cairns, 1995).

Para Tomás, é preciso partir das verdades racionais porque elas são a razão que nos une. "É sobre essa base que se podem obter os primeiros resultados universais, porque racionais, com base nos quais se pode construir um discurso de aprofundamento de caráter teológico" (Reale; Antiseri, 1990, p. 555). O uso da razão tem, em um primeiro momento, uma índole fortemente apologética. Afinal, o pressuposto que pode tornar possível a discussão com os pagãos e gentios é aquilo que os assemelha, isto é, a razão. Porém, segundo Reale e Antiseri (1990), a esse fundamento apologético deve-se acrescentar duas considerações de caráter mais geral:

1. Se a razão constitui a nossa característica primordial, deixar de utilizá-la em nome de algo mais elevado seria deixar de lado uma "exigência primordial e natural" (Reale; Antiseri, 1990, p. 555). Além do mais, existe um corpo filosófico que é fruto desse exercício racional, como a filosofia grega, que foi acessada e utilizada por toda a tradição cristã.
2. Tomás entendia que, apesar de o ser humano ser radicalmente dependente de Deus no ser e no agir, o homem e o mundo desfrutam de uma relativa autonomia, sobre a qual "deve-se refletir com os instrumentos da razão pura, fazendo frutificar o potencial cognoscitivo para responder à vocação original de 'conhecer e dominar o mundo'" (Reale; Antiseri, 1990, p. 556). Assim, a fé não suplanta a razão e a teologia não substitui a filosofia, pois a fonte de toda a verdade é única.

O ponto de partida da construção do pensamento tomista está na hábil transformação que Tomás fez da distinção aristotélica entre essência e existência. No texto *Segundos analíticos*", Aristóteles realiza uma distinção entre as questões "o que é um ser?" e "esse ser existe?" (Reale; Antiseri, 1990, p. 89). A resposta à primeira pergunta implica a definição de uma essência. Porém, para Aristóteles, uma definição jamais implica, empírica ou logicamente, a existência do definido. Desse modo, em Aristóteles, a distinção entre essência e existência é puramente conceitual, lógica. De modo contrário, Tomás concebe a distinção entre essência e existência como ontológica, real. Com isso, ele altera em um ponto muito crucial a filosofia aristotélica, embora mantenha seu arcabouço teórico (Reale; Antiseri, 1990).

Todavia, essa alteração é suficiente para tornar a filosofia aristotélica a fundamentação racional dos dogmas da revelação cristã, da ortodoxia da Igreja e do combate às correntes consideradas heréticas.

Tomás expôs as linhas fundamentais de sua metafísica em sua obra da juventude, *O ente e a essência*. Nesta obra, ele explicitou os conceitos de ente e de essência, delineando os pressupostos teóricos que sustentariam suas reflexões teológico-filosóficas posteriores (Reale; Antiseri, 1990).

O conceito de ente é fundamental. Esse conceito indica qualquer coisa que exista. O ente pode ser tanto lógico, ou conceitual, como real, ou extramental. A distinção entre ente lógico e ente real é de suma importância, pois indica que nem tudo aquilo que se pensa possui, de fato, uma existência real (Reale; Antiseri, 1990).

O ente lógico é expresso pelo verbo auxiliar *ser*, conjugado em todas as suas formas. A função do verbo *ser* é ligar os vários conceitos, sem com isso pressupor sua existência na realidade, pelo menos não do modo como são concebidos por nós. Usamos o verbo *ser* para expressar conexões de conceitos. Essas conexões são verdadeiras no sentido de que ligam corretamente tais conceitos, mas elas não expressam a existência dos conceitos que ligam (Reale; Antiseri, 1990).

Para exemplificarmos o que acabamos de dizer, podemos pensar nas afirmações. Quando dizemos que "a afirmação é contrária à negação", não significa que a afirmação exista de fato. Existem pessoas que fazem afirmações sobre coisas das quais pode-se fazer afirmações, mas a afirmação em si não existe. A afirmação é o modo como nosso intelecto expressa o fato de que certas coisas são de determinada forma. Assim, seguindo o pensamento de Tomás, "nem tudo aquilo que é objeto do pensamento existe no modo como é pensado. Não se deve esvaziar os conceitos acreditando que cada um deles tenha uma correspondência na realidade" (Reale; Antiseri, 1990, p. 556).

Por conseguinte, encontramos em Tomás um realismo moderado, segundo o qual o caráter universal dos conceitos é fruto do poder de abstração do pensamento. Para Tomás, o universal não é real, porque somente o indivíduo é real. Todavia, não deveríamos supor que essa universalidade não possua um fundamento na realidade, pois é desta, com efeito, que ela é deduzida. "Elevando-se acima da experiência sensível, o intelecto alcança uma universalidade que, em parte, é expressão de sua ação de abstração e em parte é expressão da realidade" (Reale; Antiseri, 1990, p. 557).

Toda a realidade, tanto o mundo como Deus, é ente, porque tanto o mundo como Deus existem. O ente diz respeito a tudo, tanto ao mundo como a Deus, mas de modo analógico, pois Deus **é** ser e o mundo **tem** ser. Em Deus o ser se identifica com a essência, mas em todo o resto ele se distingue da essência, no sentido de que todo o resto **não é** a existência, mas possui a existência, ou melhor dizendo, possui o ato de existir graças ao qual não é mais lógica, mas sim real (Reale; Antiseri, 1990).

Em Tomás, os conceitos de essência e ato de ser são os dois sustentáculos do ente real. A essência é o "conjunto dos dados fundamentais pelos quais os entes – Deus, o homem, o animal, a planta – se distinguem entre si" (Reale; Antiseri, 1990, p. 557).

Em outras palavras, a essência indica o que uma coisa é. No que diz respeito a Deus, a essência se identifica como o ser, enquanto nas demais criaturas significa a aptidão para ser, isto é, potência de ser. Assim, as coisas que existem não existem necessariamente, podendo não ser. E se existem, podem perecer e não existir mais. A essência das demais criaturas é aptidão, potência para ser, não como em Deus, que é a identificação como o ser (Reale; Antiseri, 1990).

Se a essência das criaturas não se identifica com a existência, então o mundo em seu conjunto e em cada um de seus componentes não existe necessariamente, ou seja, é **contingente**. O mundo, na condição de contingente, não existe por si só, mas em virtude de outro, cuja essência se identifica como o ser, que, no caso, é Deus. Esse é o núcleo metafísico que sustentaria as provas em favor da existência de Deus em Tomás de Aquino (Reale; Antiseri, 1990).

Em suma, a filosofia tomista é otimista, pois descobre um sentido profundo no interior mesmo daquilo que existe. Também é uma filosofia do concreto, uma vez que o ser é o ato graças ao qual as essências de fato existem. Mas também é a filosofia do crente, pois somente ele pode acessar as essências e trazê-las à discussão e capitar o ato básico graças ao qual existe algo e não o nada.

Segundo Tomás, Deus é o primeiro na ordem ontológica, mas não na ordem psicológica. Isso significa que, mesmo que Deus seja o fundamento de tudo o que existe, só deve ser alcançado por experiências já existentes no mundo, isto é, partindo daquilo que há no mundo. "Se na ordem ontológica Deus precede suas criaturas como a causa precede os efeitos, na ordem psicológica ele vem depois das criaturas, no sentido de que é alcançado a partir da consideração do mundo, que remete ao seu autor" (Reale; Antiseri, 1990, p. 562).

Para Tomás, a existência de Deus pode ser provada pela razão por meio de cinco caminhos ou vias. Todos esses caminhos são de índole realista. Ou seja, considera-se algum aspecto da realidade captado pelos sentidos como um efeito sobre o qual se procura a causa. O ponto de partida de cada caminho é constituído de elementos extraídos da cosmologia aristotélica. Mas a probatória de tais caminhos é sempre – e assim deve permanecer – metafísica (Reale; Antiseri, 1990).

O primeiro caminho fundamenta-se na constatação de que no universo existe o movimento. Baseado em Aristóteles, o movimento é analisado como a passagem da potência ao ato, isto é, da essência para a existência. Tomás considera que todo movimento tem uma causa e essa causa deve ser externa ao próprio movimento. Afinal, uma mesma coisa não pode ser a causa e o efeito, isto é, uma mesma coisa não pode ser movida e ao mesmo tempo ser o que produz o movimento. Se algo é movido, é movido por outro, isto é, por quem está em ato, e que, portanto, é capaz de efetuar a passagem da potência ao ato.

Para exemplificarmos, podemos recorrer ao exemplo do fogo. O fogo, que é quente em ato, torna quente a madeira, que é quente em potência. Assim, o fogo altera e muda o estado da madeira. Porém, uma coisa que é quente em ato não pode ser quente em potência, mas é, ao mesmo tempo, frio em potência. Por isso que um ente não pode ser, sob o mesmo aspecto, origem e sujeito da mutação (Reale; Antiseri, 1990).

Nesse sentido, é fraca a objeção segundo a qual o mundo pode se explicar sem recorrer a Deus, pois os atos naturais se explicariam com a natureza, e as ações humanas, com a razão e a vontade. Essa objeção é fraca, pois recorre a realidades mutáveis, e tudo aquilo que é mutável deve ser admitido como efeito de uma causa imutável e necessária. Muito se objetou sobre se esse caminho não incorreria em um regresso ao absurdo, a um círculo sem fim de causas anteriores sem uma causa primeira. Todavia, Tomás admite que é necessária a existência de um primeiro movimento, de uma existência imutável. Essa existência imutável é o que todos chamam *Deus* (Reale; Antiseri, 1990).

O segundo caminho diz respeito à ideia de causa em geral. Todo ente (tudo aquilo que existe) ou é uma causa ou um efeito, não podendo ser causa e efeito ao mesmo tempo. Se um ente é causa eficiente de si mesmo, teria de ser anterior e posterior a si próprio, ou seja, deveria ser o que produz e o produzido ao mesmo tempo, o que é um absurdo. Porém, todo ente deve ter sido causado por um outro, e este, por sua vez, por um terceiro e assim sucessivamente. Contudo, o fato de que toda causa é causada por outra anterior a ela, e assim por diante, não expressa uma série infinita das causas. Pois, se fôssemos ao infinito na série das causas, não teríamos uma causa eficiente primeira, nem uma intermediária, nem uma causa eficiente última, o que anularia o efeito da causa. É necessário, portanto, admitir a existência de uma causa incausada, de uma causa primeira eficiente, à qual todos chamam *Deus*.

Segundo Reale e Antiseri (1990), o argumento de Tomás se baseia em dois elementos: 1) todas as causas eficientes são causadas por outras causas eficientes; 2) há uma causa eficiente incausada que é a causa de todas as outras. Em suma, esse caminho busca responder a seguinte interrogação: Como é possível que alguns entes sejam causas de outros entes? "Indagar sobre essa possibilidade significa chegar a uma causa primeira incausada que, se existe, identifica-se com aquele ser que chamamos Deus" (Reale; Antiseri, 1990, p. 564).

O terceiro caminho refere-se aos conceitos de necessidade e possibilidade. Quando observamos a natureza, percebemos que todos os entes estão em constante transformação. Encontramos entes que têm a possibilidade de ser e não ser, pois se geram e se corrompem, isto é, nascem, crescem e morrem. O fato de que algo pode ou não existir não lhe confere uma existência necessária, mas sim contingente, pois aquilo que é necessário não precisa de uma causa para existir. Em outras palavras, os entes que nascem, crescem e morrem são contingentes, possíveis, "não possuem o ser em virtude da sua essência" (Reale; Antiseri, 1990, p. 564). Eles existem, mas não necessariamente, pois podem não ser e em algum tempo não eram.

Mas como explicar a passagem da possibilidade para o estado atual? Se tudo o que existe fosse apenas possível, haveria algum tempo em que nada teria existido, e agora nada existiria. Para explicar a existência atual dos entes, da passagem da possibilidade ao ato, precisamos admitir a existência de uma causa que não foi e não é contingente, mas que sempre foi, em ato, necessária. Em outras palavras, o ente possível só existe por intermédio de algo que o faça existir. Se alguma coisa existe é porque participa do necessário.

Com efeito, tudo o que existe faz parte de uma cadeia de causas que culmina no necessário absoluto, Deus (Reale; Antiseri, 1990). O quarto caminho para a prova da existência de Deus é de índole platônica e baseia-se nos graus de perfeição observados nas coisas. Vale ressaltar que esse caminho, assim como os demais, parte da observação empírica interpretada metafisicamente.

Existe entre os entes os mais e os menos bons, os verdadeiros, os nobres e os semelhantes. Com efeito, "mais" e "menos", implicados na noção de grau, indicam a existência de um ponto de comparação que seja absoluto. Deve, portanto, existir um ser que seja absolutamente bom, verdadeiro e uno e que possui o ser de modo absoluto. A esse ser chamamos *Deus*. Segundo Reale e Antiseri (1990, p. 565): "se os entes têm um grau diverso de ser, isso significa que tal fato não lhes deriva em virtude de suas respectivas essências, isso significa que o receberam de um ser que dá sem receber, que permite a participação sem ser partícipe, porque é fonte de tudo aquilo que existe de algum modo".

O quinto caminho indicado por Tomás de Aquino para provar a existência de Deus pela razão fundamenta-se na ordem das coisas. Adotando o finalismo aristotélico, Tomás parte da constatação de que os entes, ou alguns deles, agem como se tendessem a um fim. Ao partir dessa afirmação, Tomás quer destacar duas coisas: 1) esse caminho não parte da finalidade de todo o universo e não pressupõe uma concepção mecanicista da natureza, uma vez que a finalidade constatada diz respeito a alguns entes que têm em si um princípio de unidade e finalidade; 2) que as exceções devidas ao acaso não reduzem a validade da argumentação.

Conforme Reale e Antiseri (1990, p. 566): "Ora, se o agir em função de um fim constitui um **certo modo** de ser, pergunta-se qual será a causa dessa regularidade, ordem e finalidade constatáveis em alguns entes". Essa causa não pode ser encontrada nos próprios entes, pois eles não possuem conhecimento e, nesse caso, seria necessário possuir o conhecimento do fim. É preciso, portanto, remontar a um Ordenador, a um ser dotado de conhecimento e capaz de dar ser aos entes conforme o modo que eles agem. A esse ser chamamos *Deus*.

Síntese

Neste capítulo, vimos aspectos biográficos de Agostinho, um dos principais pensadores do cristianismo. Seu percurso intelectual ficou marcado por discussões sobre a graça divina e como a natureza humana é afetada pelo pecado adâmico. O pensamento agostiniano moldou de maneira significativa a teologia cristã. Apesar disso, Agostinho teve em Pelágio um grande opositor, pois este defendia que os seres humanos não herdam a natureza pecaminosa de Adão e, por isso, podem por suas próprias forças para vencerem o pecado. Também abordamos Tomás de Aquino, outro teólogo de grande destaque na Idade Média. Seus ensinos a respeito do lugar da razão na elaboração teológica influenciaram a teologia cristã por séculos.

Atividades de autoavaliação

1. Marque V para verdadeiro e F para falso nas afirmações a seguir.
    [ ] Agostinho enfatizou a pecaminosidade dos cristãos, apontando que o objetivo da Igreja não é o de ser uma comunidade de pessoas perfeitas, mas um corpo constituído de santos e pecadores.
    [ ] Para Agostinho, a Igreja é santa não porque seus membros são santos, mas sim porque Cristo é Santo.
    [ ] De acordo com Agostinho, qualquer Igreja pode ser totalmente santa nesse mundo, tendo em vista que seus membros são pessoas sem influência do pecado de Adão.

[ ] De acordo com os donatistas, era preciso substituir os *traditores* por pessoas que se mantivessem firmes na fé cristã durante o período da perseguição.

[ ] A questão central do debate entre Agostinho e Pelágio dizia respeito à posição do Espírito Santo na Trindade.

Agora, assinale a alternativa que apresenta a sequência correta:

A] V – V – F – F – F.
B] V – F – F – V – F.
C] F – V – F – V – F.
D] V – V – F – V – F.
E] V – V – V – V – F.

2. Marque V para verdadeiro e F para falso nas afirmações a seguir.

[ ] De acordo com Agostinho, as qualidades pessoais do ministrante não influenciam no sacramento, mas a eficácia desse sacramento depende da santidade e da graça de Deus.

[ ] Desde sua conversão, Agostinho sempre deu ênfase ao livre arbítrio.

[ ] Agostinho argumenta que o livre-arbítrio tem a tendência de escolher o bem.

[ ] Pelágio, um cristão que vivia em Roma, começou a ensinar doutrinas contrárias às doutrinas de Agostinho.

[ ] Para Pelágio, o pecado de Adão é apenas o pecado de Adão.

Agora, assinale a alternativa que apresenta a sequência correta:

A] V – F – V – F – V.
B] V – V – F – V – V.
C] V – F – F – V – V.
D] V – F – F – V – V.
E] F – F – F – V – V.

3. Marque V para verdadeiro e F para falso nas afirmações a seguir.
   [ ] Tomás de Aquino é um dos maiores expoentes entre os pelagianos.
   [ ] De índole platônica, Tomás de Aquino construiu o maior sistema teológico-filosófico da Idade Média.
   [ ] A biografia de Tomás de Aquino não apresenta momentos dramáticos e pode ser resumida a uma vida dedicada ao lazer e à meditação.
   [ ] Com a saúde já bastante debilitada, Tomás de Aquino veio a falecer em 7 de março de 1274, aos 53 anos.
   [ ] Em todas as obras de Tomás está sempre presente uma vasta erudição.

   Agora, assinale a alternativa que apresenta a sequência correta:

   A] F – F – F – V – V.
   B] F – V – F – V – V.
   C] F – V – V – V – V.
   D] V – V – V – V – V.
   E] V – V – F – V – V.

4. Marque V para verdadeiro e F para falso nas afirmações a seguir.
   [ ] Foi especialmente em Jerusalém que Tomás de Aquino pode experimentar mais intensamente os conflitos intelectuais típicos de sua época.
   [ ] O elemento mais importante e causador de conflitos entre os admiradores de Aristóteles e os defensores da fé cristã estava no fato de que a concepção aristotélica do mundo, à primeira vista, apresentava um conteúdo muito distinto da visão cristã.
   [ ] Segundo Tomás de Aquino, a filosofia exaure tudo o que se pode dizer e conhecer.

[ ] Para Tomás de Aquino não existe diferença entre a teologia e a filosofia, tendo em vista que ambas estudam o mesmo objeto.

[ ] De acordo com o pensamento tomista, a fé melhora a razão, do mesmo modo que a teologia melhora a filosofia.

Agora, assinale a alternativa que apresenta a sequência correta:

A] V – F– F – V – V.
B] V – V – V – F – V.
C] F – V – V – F – V.
D] V – V – F – V – V.
E] V – V – F – F – V.

5. Marque V para verdadeiro e F para falso nas afirmações a seguir.

[ ] Apesar de a teologia desfrutar de uma posição mais elevada em Tomás de Aquino, ele não a considera como substituta da filosofia.

[ ] Para Tomás de Aquino, o uso da razão tem, em um primeiro momento, uma índole fortemente apologética.

[ ] Tomás de Aquino entendia que, apesar de o ser humano ser radicalmente dependente de Deus no ser e no agir, o homem e o mundo desfrutam de uma relativa autonomia.

[ ] Para Tomás de Aquino, a existência de Deus pode ser provada pela razão por meio de cinco caminhos ou vias.

[ ] De acordo com Tomás de Aquino, se a razão constitui a nossa característica primordial, deixar de utilizá-la em nome de algo mais elevado seria deixar de lado uma exigência primordial e natural.

Agora, assinale a alternativa que apresenta a sequência correta:

A] V – F – V – F – V.
B] V – V – V – V – V.

c] F – V – V – V – V.
d] V – V – V – F – F.
e] V – F – F – V – V.

Atividades de aprendizagem

Questões para reflexão

1. Vimos que em Tomás de Aquino a filosofia é um ramo do saber que tem elevada importância. Por que os estudos filosóficos não têm sido considerados opositores da teologia em certos círculos do cristianismo?
2. Tendo como base a teologia de Tomás de Aquino, como é possível conciliar razão e fé?

Atividade aplicada: prática

1. Leia um trecho do livro *Confissões* (Agostinho, 1984) e descreva o papel de Mônica na conversão de Agostinho.

O PRIMADO DA RELIGIÃO SOBRE A POLÍTICA: LUTERO E CALVINO

Neste capítulo, nosso foco será a vida e a obra dos principais reformadores do século XVI: Martinho Lutero e João Calvino. O movimento protestante iniciado por eles na Era Moderna é um divisor de águas, não apenas na cristandade, mas no pensamento social, econômico e político do ocidente. Entender o contexto religioso que se seguiu após a Reforma é de fundamental importância para a compressão das bases do Estado moderno.

3.1 A biografia de Martinho Lutero

Martinho Lutero (1483-1546) nasceu na cidade de Eisleben, na Alemanha, cresceu e alcançou notoriedade no contexto das transformações pelas quais passava a sociedade europeia. Ele era um monge agostiniano, doutor em teologia e, em 1517, afixou na porta da igreja do Castelo de Wittenberg as suas 95 teses. Nelas, com destaque, o reformador criticava o abuso do sistema de indulgências, o que significa dizer que a princípio ele não queria provocar um cisma na Igreja de Roma, mas apenas uma reforma doutrinária profunda e nos comportamentos equivocados (González, 2011).

Sobre os pais e a educação do reformador alemão, pode-se dizer o seguinte:

Nasceu em Eisleben, na Alemanha. Nesta região, seu pai trabalhava nas minas, era um homem severo, e Martinho recebeu muitos castigos. O próprio Lutero, anos depois, falara sobre esse assunto. Certa vez sua mãe chegou a tirar sangue dele num castigo pesado, já outra vez levou quinze chicotadas por não conseguir declinar um determinado substantivo em latim. A vida não tinha sido tão fácil para o então garoto Martinho. (Viana, 2020, p. 145)

Entrou em Erfurt, no mosteiro agostiniano, em 1505. A pedido da Ordem de Santo Agostinho, visitou Roma em 1510. Ficou perplexo com o que viu naquela cidade, especialmente com a corrupção e o luxo do clero. Em 1511, Lutero foi viver em Wittenberg. No ano seguinte, alcançou o título de Doutorado em Teologia e começou a integrar o corpo docente da Universidade de Wittenberg (González, 2011).

Em 1515, enquanto preparava estudos sobre a Bíblia, ao lecionar sobre a epístola de Paulo aos Romanos, muitos questionamentos se sobressaíram em sua mente. Depois de refletir dias e dias sobre a expressão de Paulo – "O justo viverá por fé" (Bíblia. Romanos, 1995, 1: 17) –, o monge concluiu que somente pela fé na pessoa de Jesus Cristo os homens poderiam ser justos diante de Deus. E dessas conclusões nasceu a doutrina da justificação pela fé, que não é baseada em tradições romanas ou em outros escritos quaisquer, mas somente nas Escrituras Sagradas (González, 2011).

Em 1517, escritas em latim, Lutero afixou as suas 95 teses na porta da igreja do Castelo de Wittenberg e lançou o debate acadêmico sobre o tema. Poucos sabiam ler e as famosas teses estavam, como dito, em latim. Porém, rapidamente foram traduzidas para o alemão e para outros idiomas, sendo a imprensa fundamental para isso. Nas teses, Lutero registrou críticas veementes às indulgências (González, 2011).

Digno de nota é que Lutero não estava sozinho e teve relevantes colaboradores, tanto entre os príncipes alemães – por exemplo, Frederico I – quanto entre amigos teólogos – por exemplo, Filipe Melanchton (1497-1560) (González, 2011).

Em 1518, em 26 de abril (6 meses depois da exposição das 95 teses), aconteceu a chamada *Disputa de Heidelberg*[1]. Devemos lembrar que, nesse tempo, o Papa Leão X (1513-1521) já havia colocado o caso de Lutero para ser tratado pela Ordem de Santo Agostinho, na Alemanha, sob comando do vigário-geral Johann von Staupitz. Nessa ocasião, apresentou 28 teses novas e, em relação às demais 95, com uma abordagem teologicamente mais completa. Em suma, o tema central dessas teses era a justificação pela fé (Lindberg, 2001).

Lutero saiu da Disputa de Heidelberg mais fortalecido e com grande apoio dos monges presentes. O interessante é que Martin Bucer, dominicano, estava presente nessa reunião e teve a oportunidade de ouvir o reformador. Lutero, em outubro do mesmo ano, em Augsburgo, debateu com o dominicano cardeal Tomás Caetano. O cardeal, óbvio, propôs que o reformador negasse seus ensinos contra a Igreja católica, mas, com firmeza, Lutero rejeitara essa proposta. Convincentemente, falou sobre a salvação pela fé e a suprema autoridade da Bíblia Sagrada (Lindberg, 2001).

Sobre a conversão de Lutero: "Em algum ponto nesse período, Lutero se converteu. A data exata de sua conversão é controversa. Alguns a fixam antes da postagem das 95 teses; outros, antes da Disputa de Heidelberg. Contudo, é muito provável que a conversão de Lutero tenha ocorrido em 1519" (Sproul; Nichols, 2017, p. 53). O reformador, no entanto, ainda estava preso a várias doutrinas estruturantes da Igreja católica, como é possível depreender da leitura das 95 teses (Sproul; Nichols, 2017).

---

1 Na disputa de Heidelberg Lutero fez a defesa de uma teologia prática, ou seja, uma teologia menos dogmática.

3.2 O percurso teológico de Lutero

Em 1520, Lutero recebeu do papa a bula *Exsurge Domine*, que significa: "Erguei-vos, Senhor" (Sproul; Nichols, 2017, p. 89), dando ao reformador o prazo de 60 dias para que se retratasse. Caso não o fizesse, Lutero seria excomungado e seus livros seriam queimados. A resposta ao pontifício foi mais do que desafiadora, pois Lutero queimou a bula publicamente e, além de outros documentos romanos, uma cópia do direito canônico (Sproul; Nichols, 2017).

Revelando a ruptura com o romanismo, vale ressaltar a relevância dos três tratados que Lutero escreveu de agosto a novembro de 1520: *À nobreza cristã da nação alemã* (agosto); *Do cativeiro babilônico da Igreja* (outubro); *Da liberdade do cristão* (novembro) (Sproul; Nichols, 2017).

Em *À nobreza cristã da nação alemã* (agosto), Lutero, dentre outras coisas, deixou claro: o Estado não tem de se curvar diante da Igreja romana; o cristão, e não somente o papa, pode interpretar a Escritura; a Bíblia não falha, mas o papa, sim.

> Lutero conclui que a Roma papal é o centro "da avareza e da roubalheira". Ele diz que se assemelha a "um bordel acima de todos os bordéis imagináveis", lugar no qual "toda a desonestidade e toda vergonha podem parecer honra e glória". Os príncipes, sustenta Lutero, facilitam toda essa atividade ao não se posicionarem contra Roma. (Sproul; Nichols, 2017, p. 106)

Em *Do cativeiro babilônico da Igreja* (outubro), o reformador desejava a existência de apenas dois sacramentos na Igreja de Cristo; eram sete, no entanto, para ele, eram suficientes: a Ceia do Senhor e o batismo.

> Essa obra teológica atacou a veia jugular da Igreja Católica ao criticar a doutrina romana dos sacramentos à luz da Bíblia. Lutero era especialmente crítico da doutrina romana da Missa. Sua

primeira crítica dizia respeito à prática da hierarquia romana de não dar o cálice aos leigos, reservando-o somente para o clero... (Sproul; Nichols, 2017, p. 64)

> **IMPORTANTE!**
>
> Em *Da liberdade do cristão* (novembro), com base em I Coríntios 9,19, Lutero assevera: "Um cristão é senhor livre sobre todas as coisas e não está sujeito a ninguém. Um cristão é servidor de todas as coisas e sujeito a todos" (González, 2011, p. 89). Nesse tratado está claro que a justificação somente pode ser alcançada pela fé em Jesus. A liberdade do cristão é alcançada quando ele obedece a Lei de Cristo; portanto, deixar de obedecê-la é viver em cativeiro. Obedecer ao Senhor implica viver de acordo com a Sua Palavra; vivendo assim, o cristão praticará a justiça e, também, alcançará a verdadeira liberdade.

Tu perguntas: "Que diferença haveria entre os sacerdotes e os leigos na Cristandade, se todos são sacerdotes? A resposta é: as palavras "sacerdote", "cura", "eclesiástico" e outras semelhantes foram injustamente retiradas do meio do povo comum, passando a ser usadas por um pequeno número de pessoas denominadas agora "clero". A Sagrada Escritura distingue apenas entre os doutos e os consagrados chamando-os de *ministri*, *servi*, *oeconomi*, isto é, servidores, servos e administradores, que devem pregar aos outros o Cristo, a fé e a liberdade cristã. Já que, embora sejamos todos igualmente sacerdotes, nem todos podem servir, administrar e pregar. Assim disse São Paulo em 1Cor 4: "Que os homens nos considerem servidores de Cristo e administradores do Evangelho". Mas essa administração acabou se transformando num domínio e num poder tão mundano, exterior, faustoso e temível que o verdadeiro poder mundano não pode mais igualar-se a Ele, como se leigos e cristãos fossem diferentes; desse modo, extingue-se toda a compreensão da graça, da liberdade e da fé cristãs e tudo o que recebemos de Cristo e o próprio Cristo. Em troca nos foram transmitidas muitas leis e obras humanas, tornando-nos servos completos das pessoas mais incapazes da Terra. (Lutero, 2010, p. 48-49)

A ameaça papal se cumpriu e Lutero foi excomungado com a bula *Decet Romanum Pontificem* (significa: "É do agrado do pontífice romano"), em janeiro de 1521 (Sproul; Nichols, 2017, p. 120).

No mês de abril de 1521 aconteceu a Dieta de Worms, na qual Lutero foi condenado à execução pelo Imperador Carlos V. Na referida assembleia, o reformador recusou-se a renegar os seus ensinos e as suas obras. Ele respondeu: "Não posso nem quero retratar-me de coisa alguma, pois ir contra a consciência não é justo nem seguro. Deus me ajude. Amém" (González, 2011, p. 167). Em seguida, Frederico, o Sábio, mandou sequestrar Lutero e enviá-lo, devidamente protegido, ao Castelo de Wartburg. Entende-se que o príncipe fez isso não porque concordasse integralmente com as ideias do reformador, mas porque queria um julgamento justo. A rigor, era uma questão de justiça e o seu entendimento era esse (Sproul; Nichols, 2017).

Lutero viveu naquele castelo de maio de 1521 a março de 1522 e lá começou a traduzir a Bíblia para o alemão. Alguns afirmam que, além de outros escritos, ele fez a tradução do Novo Testamento em aproximadamente quatro meses; depois, com a ajuda de outros estudiosos, levou uma década para terminar o Velho Testamento. Em 1534, Lutero publicou a Bíblia completa em alemão. Essa obra magnífica deu a oportunidade ao povo alemão de ler a Bíblia em seu idioma nativo, além de dar forma e evolução à sua língua. Seguramente o reformador usou, entre outros, o Novo Testamento, em grego, de Erasmo de Roterdã (Sproul; Nichols, 2017).

Em 1522, Lutero voltou para Wittenberg. Aos poucos, com o que empreendera, já ocorriam mudanças significativas no comportamento de muitos religiosos e a realidade mudava para a Igreja:

> Religiosos como monges e freiras deixavam os conventos para se casar, passaram a usar a língua nativa nos cultos, abandonar as missas em favor das almas dos mortos... Porém, aconteceram alguns incidentes que estavam fugindo do controle de [Filipe] Melanchthon, e isto praticamente acabou exigindo a volta do reformador a Wittenberg, o que aconteceu em março de 1522. (Viana, 2020, p. 149)

Nesse contexto, é importante falar sobre Andreas Karlstadt (1486-1541), teólogo e padre secular. Sua biografia mostra que até 1517, até a divulgação das 95 teses, ele era mais conhecido e mais respeitado do que Lutero. Karlstadt foi professor e reitor da Universidade de Wittenberg e foi de suas mãos que Martinho Lutero recebeu o diploma de doutorado (1512). Estudou em Roma e viu nessa cidade muita corrupção e, por isso, segundo alguns, escreveu suas 151 teses (1516). Nelas, ele repeliu as doutrinas católicas. Percebe-se, pelos escritos, discursos e práticas, que Karlstadt era mais radical do que Lutero (McGrath, 2007).

Podemos dizer que Karlstadt pensava "fora da caixa", talvez, por isso, alguns teólogos o chamem de *excêntrico*. Isso deve-se, especialmente, ao seu modo radical de ser; exemplo claro disso foi manifestado quando ele quis acabar com todas as imagens de esculturas das igrejas. Além das imagens, para ele, a música também deveria desaparecer das igrejas. McGrath, no seu livro *Teologia histórica*, relata as palavras de Karlstadt: "É melhor uma oração sincera que milhares de cantatas dos salmos" (McGrath, 2007, p. 69).

Sobre as divergências entre Lutero e Karlstadt, McGrath (2007, p. 69) destaca:

Enquanto Lutero estava escondido no castelo de Wartburg, Karlstadt começou a assumir a liderança da emergente reforma em Wittenberg. [...] Lutero recomendou cautela e assumiu pessoalmente a direção das reformas em Wittenberg. Muitas das propostas de Karlstadt foram bloqueadas, gerando efeito imediato. A questão da interpretação bíblica, de repente, tornou-se fonte de tensão e de divergência públicas. Para Karlstadt, o Antigo Testamento proibia o uso de imagens religiosas; por isso, os cristãos deviam evitá-las e destruir qualquer uma que restasse nas igrejas. Todavia, Lutero argumentou que essas regulamentações do Antigo Testamento não eram obrigatórias sob a nova aliança da graça.

Em 1525, Lutero casou-se com Katharina von Bora e ambos tiveram seis filhos. Ela, junto com outras freiras, abandonara o convento cisterciense de Nimbschen, na Saxônia (Sproul; Nichols, 2017).

Nesse contexto, entre 1524 e 1525, estava em curso mais uma revolta dos camponeses. Considerando que houve na Europa outras revoltas de peso ao longo da Idade Média Tardia, é óbvio que essa revolta também teve influência nas ideias e nos ideais reformistas de Lutero e outros reformadores. Assim, com relação aos resultados da revolta, há de se entender que foram de aterrorizar qualquer mortal com um mínimo de sensibilidade humana nas veias. Morreram aproximadamente 100 mil camponeses nos conflitos, embora alguns estudiosos estimem um número bem mais elevado (Sproul; Nichols, 2017).

Sobre a participação de Lutero, Shelley (2004, p. 272) indica:

> No início, Lutero reconheceu que as reclamações dos camponeses eram justas, mas, quando eles passaram a agir com violência contra as autoridades estabelecidas, ele os criticou duramente. Em um panfleto (Contra as Hordas de Camponeses Desonestos e Assassinos), Lutero convocou os príncipes a "desmontar, reprimir,

injuriar" [...] e a considerar que não existe nada mais venenoso, pernicioso ou satânico do que um rebelde.

Para muitos, pesa sobre os ombros do reformador alemão o fardo de ser um dos culpados e até protagonista do chamado *Massacre dos Camponeses* (1525). Tais críticos acham que, devido ao fato de Lutero ter usado palavras fortes numa carta aos nobres alemães, na qual condenava a revolta armada, ele incitou o massacre (Sproul; Nichols, 2017).

Há de se considerar, porém, o contexto histórico e a posição do reformador diante da declarada rebeldia dos camponeses e da nobreza perante as autoridades constituídas dos territórios alemães; por exemplo, sob a liderança de Thomas Müntzer, em Zwickau, sendo este um ex-companheiro de Lutero na causa reformista luterana (Sproul; Nichols, 2017).

As ideias de Müntzer, dando ênfase ao Espírito Santo e a uma sociedade sob o pleno comando divino (teocracia), tinham muito a ver com as ideias dos chamados *profetas de Zwickau* – Nicolau Storch, Mark Stübner e Thomas Dreschel. Estes, ainda que tivessem muitas ideias parecidas com as de alguns anabatistas[2], não são considerados anabatistas por muitos historiadores (Sproul; Nichols, 2017).

Depois de deixar o Castelo de Wartburg, Lutero voltou para Wittenberg, encontrou os tais profetas na cidade e os enfrentou:

> Lutero voltou, e uma das suas preocupações e fator motivador do seu retorno sem dúvida foram os chamados **"Profetas de Zwickau"** ou **"Profetas Celestiais"**. Eles estavam simplesmente perturbando Wittenberg com seus ensinos e foram repreendidos fortemente por Lutero nessa ocasião. Dentre outros ensinos, esses "profetas" tinham mensagens apocalípticas e julgavam ter revelações do

---

2 Considerada uma ala mais radical da Reforma Protestante ocorrida na Alemanha, os anabatistas eram contra o batismo de crianças.

Espírito Santo. Além disso, uma posição nitidamente rebelde em relação ao poder civil constituído. (Viana, 2020, p. 198, grifo nosso)

Considera-se que era impossível em tais circunstâncias de explícita revolta popular armada – fossem justas ou não as reivindicações – não haver reações dos reinos vigentes. Se na democracia de hoje as manifestações violentas nas ruas das grandes cidades, seja no Brasil, seja em outros países, são reprimidas fortemente pelas forças policiais, que agridem e até matam os revoltosos, não haveria de haver retaliações fortes dos príncipes alemães aos revolucionários camponeses? Claro que era mais do que normal que as revoltas fossem reprimidas com crueldade e violência, não há como pensar diferente (Sproul; Nichols, 2017).

No que se refere ao reformador, anteriormente ele havia, numa carta aos príncipes, acusado os nobres de rejeitarem a Palavra de Deus e, por isso, os camponeses seriam instrumentos Dele para feri-los. No entanto, vendo depois as atrocidades cometidas pelos revoltosos, Lutero criticou a baixa nobreza (cavaleiros sem terras) e os camponeses pela maneira violenta como agiam – matando e saqueando as propriedades alheias – e se rebelavam contra as autoridades constituídas no território alemão. Nesse tempo, em 1525, Lutero usou palavras firmes para expressar a sua indignação no documento *Contra as hordas salteadoras e assassinas dos camponeses* (Sproul; Nichols, 2017).

> Primeiramente, Lutero, em sua Admoestação a Paz [sic], de abril de 1525, instou com os camponeses que fossem pacientes e pediu aos lordes para reduzirem os encargos sobre os camponeses. Quando Lutero percebeu que este movimento social de caráter revolucionário poderia ameaçar a Reforma e subverter os fundamentos da ordem governamental até mesmo nas províncias protestantes, Lutero pediu aos príncipes, numa linguagem violenta, em seu panfleto "Contra o bando assassino e salteador", que pusessem

fim à desordem. As autoridades não pensaram duas vezes para fazer o uso da violência e massacraram 100 mil camponeses. Em parte, por causa dessa aparente traição de Lutero, os camponeses do sul da Alemanha permaneceram na Igreja Católica Romana. (Cairns, 1995, p. 239)

É claro que as causas pelas quais lutavam os camponeses eram motivadas não só pelo sofrimento dos pobres na sociedade alemã do século XVI, mas também, inquestionavelmente, pelas ideias reformistas de Lutero. Além de reivindicações de mudanças sociais e econômicas, eles tinham as exigências religiosas fundamentadas na Bíblia – resumidas nos famosos *Doze artigos dos camponeses da Suábia*, em 1525. Para os líderes da revolta popular, dentre eles Thomas Müntzer e os três profetas de Zwickau, era tempo de Reforma, não só estritamente religiosa, mas também na estrutura política e econômica da sociedade de então. Era preciso estabelecer uma espécie de "comunismo" e uma teocracia à força, se necessário (González, 2011).

Muitos acreditam que Sebastian Lotzer, artesão e escritor, escreveu com Christoph Schappeler os *Doze artigos dos camponeses da Suábia* – sendo esta uma cidade a sudoeste da Alemanha, na Baviera –, os quais sofreram mudanças e/ou ampliações e versões ao longo dos anos (González, 2011). Para todos os efeitos, eis a base das reivindicações do campesinato alemão, segundo González (2011):

1. as comunidades terão poder para escolher um pastor e conferir se, de fato, este prega e vive conforme o Evangelho;
2. rejeição a novas contribuições ao senhorio;
3. abolição da servidão dos camponeses;
4. liberdade de caça e pesca;
5. livre utilização da madeira para todos;
6. supressão de novas servidões;
7. nenhum encargo ilegítimo pelo senhorio;

8. supressão dos juros insuportáveis sobre as terras;
9. garantia de tratamento justo perante o tribunal, não com arbitrariedade ou mercê;
10. nada de leis arbitrárias segundo o direito novo, e sim validade do direito antigo;
11. relvados e campos permanecem de domínio público;
12. em caso de morte, uma propriedade não reverterá ao senhorio, mas será mantida para a viúva e os órfãos.

Digamos que era o momento propício, nos tempos que emergiam, para reivindicar e lutar por dias melhores. Podemos perceber, pelos enunciados, que as reivindicações eram, em geral, justas e necessárias. Os camponeses sofriam com a injustiça social e com a desigualdade entre as classes que eram promovidas pela nobreza (senhores feudais) e pelo clero – com impostos e a venda de indulgências. No entanto, as mudanças necessárias não deveriam ser impostas pelo uso das armas nem por invasões a propriedades alheias.

Ressaltamos que a reação dos príncipes alemães, e do próprio imperador Carlos V, não seria outra a não ser a repressão violenta àqueles que queriam com espadas subverter a ordem política e social. Portanto, querer culpar o reformador pelo massacre, ainda que ele tenha participado dos discursos que condenaram os rebeldes – e por isso, quiçá, mais ainda, contribuído para motivar as ações violentas das autoridades alemãs contra os camponeses –, parece ser um julgamento desconsiderando o contexto histórico absolutista do século XVI. Os que afirmam a culpa de Lutero desconsideram que, historicamente, as revoltas do campesinato, em várias partes da Europa, sempre sofreram a repressão forte dos líderes dos reinos envolvidos (González, 2011).

Em 1526, a primeira Dieta de Spira[3] decidiu que o cidadão de cada província alemã teria a "liberdade" para seguir a resolução religiosa do príncipe da região – católica ou luterana. É bom entender que o território alemão pertencia ao então católico Sacro Império Romano-germânico, que teve fim em 1806, sendo o território fragmentado em grandes e pequenos reinos e principados com relativa autonomia (González, 2011).

Em 1529, a segunda Dieta de Spira revogou a decisão da primeira e declarou que a Igreja católica era a única religião. Contra tal decisão, os príncipes luteranos protestaram, resultando daí a terminologia *protestantes*. Nesse ano, Lutero elaborou o catecismo maior e menor. O catecismo menor foi criado para ensinar às crianças os Dez Mandamentos, o credo dos apóstolos, o Pai-Nosso e os sacramentos do batismo e da ceia, embora outros digam que, além de ensinar às crianças, também deveria ser usado para educar as pessoas simples e os leigos nos lares. Por sua vez, o catecismo maior foi elaborado a fim de auxiliar os líderes – os pastores, por exemplo – no ensino ministrado às congregações. De todo modo, nota-se que o fim de cada um era diferente. Os dois catecismos foram incluídos no *Livro de Concórdia*[4], de 1580 (González, 2011).

A pedido do Imperador Carlos V (imperador germânico de 1519 a 1556), os luteranos prepararam um documento que foi apresentado na Dieta de Augsburgo, em 1530. Tal documento ficou conhecido como *A confissão de Augsburg*, sendo a declaração de fé ou a base da maioria dos luteranos até hoje, inclusive no Brasil. Ela foi preparada pelo teólogo Filipe Melanchthon e, ao que parece, com a supervisão dos príncipes luteranos e de Lutero – que não pôde comparecer à Dieta de Augsburgo (González, 2011).

---

3 A Dieta de Spira talvez tenha sido uma das primeiras decisões da Idade Moderna relacionadas com a liberdade religiosa, de modo que foi dada uma liberdade de culto, mesmo que parcial, para os luteranos.

4 O *Livro de Concórdia* continha os principais documentos luteranos no que diz respeito à Bíblia e sua importância (González, 2011).

Sobre Filipe Melanchthon (1497-1560):

não foi apenas o mais notável discípulo e colaborador de Lutero, mas também criou um tipo independente de teologia da Reforma. Além disso, lançou as bases para a educação superior na Igreja Protestante, não apenas no campo da teologia, mas também nas disciplinas filosóficas. Não é sem motivo que foi denominado "O Educador da Alemanha" (*Praeceptor Germaniae*). [...] Melanchthon tinha apenas 21 anos de idade quando se tornou professor de grego na Universidade de Wittenberg. Influenciado por Lutero, deu seu total apoio à Reforma e dedicou-se cada vez mais à teologia, mas sem desistir de seus estudos humanísticos. (McGrath, 2007, p. 211)

Assim, Melanchthon foi o colaborador que ficou mais próximo a Lutero, tornando-se o líder de maior destaque da Reforma na Alemanha após a morte do reformador (McGrath, 2007).

3.3 O legado de Lutero

Lutero morreu em 1546, em Eisleben, e sua esposa faleceu em 1552. Em 1555, depois de várias lutas entre ligas católicas e luteranas, o acordo chegou com o famoso tratado chamado *Paz de Augsburgo*[5]. Com esse tratado, os luteranos tiveram liberdade em seus reinos "protestantes" para viver a fé que abraçaram. O acordo dava a católicos e luteranos igualdade no território alemão – embora os luteranos se concentrassem mais ao norte. Porém, com relação aos reformados calvinistas, estes só seriam tolerados legalmente a partir da Paz de Westfália (1648), um conjunto de 11 tratados de paz que colocou fim a Guerra dos Trinta Anos, ocorrida na Europa (essa guerra opunha católicos e protestantes) (González, 2011).

---

5   Um tratado de paz que conferiu a cada líder alemão a liberdade de escolher sua própria religião.

Mas o que levou Lutero a mudanças de pensamento e de comportamento religioso? Seria apenas a revolta contra a venda de indulgências? Ora, Lutero estava inquieto e buscava respostas espirituais que não havia encontrado na mensagem da Igreja dominante.

> O movimento reformador de Lutero não deve seu início à justa e moral indignação de Savonarola ou de um Erasmo dirigida contra o que se percebia como superstições ou a corrupção do papado renascentista. O movimento de Lutero estava arraigado em sua própria ansiedade pessoal a respeito da salvação, uma reação que, se é que a resposta popular a ele serve de indicativo, encontrava-se amplamente difundida por toda a Europa. Essa ansiedade era um efeito das crises do período medieval tardio delineadas acima, mas sua causa fundamental era a incerteza da salvação na mensagem da Igreja. (Lindberg, 2001, p. 81)

Concordamos com Lindberg (2001, p. 8) quando diz que, para Lutero, a "causa fundamental era a incerteza da salvação na mensagem da Igreja". Em outras palavras: Lutero deixou de acreditar plenamente na mensagem de salvação dada pela Igreja dominante, e isso o inquietou sobremaneira. A cobrança de indulgências revoltou Lutero e levou-o a abrir o debate acadêmico sobre o tema, enquanto, acima disso, o próprio reformador precisava resolver as suas dúvidas interiores sobre a salvação (González, 2011).

Com relação à venda de indulgências, elas foram talvez a grande causa direta do surgimento da Reforma – embora não a única. Vender indulgências era um negócio lucrativo na Idade Média – para quem vendia, é claro! As pessoas viviam desprovidas de explicações bíblicas sobre muitos assuntos e continuavam pobres, além de serem analfabetas e de sentirem seus espíritos sedentos pelas verdadeiras palavras de Deus (González, 2011).

A sociedade europeia era vista por muitos clérigos apenas como um mercado consumidor lucrativo aos cofres de Roma. Desinformadas, as pessoas viviam apavoradas com relação à condenação de irem para o inferno. Assim, pela ameaça do discurso tenebroso e contando com a ignorância geral, a Igreja romana detinha o "mercado consumidor da fé" em suas mãos (González, 2011, p. 178). Afinal de contas, milhões de pessoas contribuíam para o enriquecimento, o poder e o luxo pessoal de muitos mercenários. Durante muito tempo, pouca preocupação houve para que as almas fossem de fato pastoreadas (González, 2011).

Por extensão, e infelizmente, ainda existem hoje práticas de fé mercadejadas por parte de grupos ditos protestantes e/ou evangélicos que não se distanciam muito das práticas medievais. Naquele contexto, sem concorrência religiosa e arregimentando o vil metal dos fiéis, dizia-se que as práticas mercadejadas tinham o objetivo de fazer o "caixa" para a construção da tão sonhada Basílica de São Pedro, em Roma. Hoje, por sua vez, fala-se em construções de templos faraônicos com os mesmos objetivos medievais: bem-estar, comodidade dos fiéis, segurança na fé etc. (González, 2011).

É claro que havia, segundo o historiador Lindberg (2001), muitos interesses financeiros pessoais em jogo. Assim, por exemplo, pelo negócio das indulgências, o monge dominicano Tetzel recebia parte considerável de recursos para livrar a alma do Purgatório:

> Os agressivos vendedores medievais de indulgências como Tetzel, a quem Lutero atacou, ofereciam acesso direto ao Céu mesmo para aqueles que já estavam mortos ou no Purgatório. Um dos jingles usados por Tetzel em suas vendas era: "no momento em que o dinheiro na caixa tinir, do Purgatório ao Céu salta a alma a seguir". E você, caro leitor, compraria [sic] um carro usado desse homem? Bem, uma coisa é certa: multidões de pessoas cheias

de ansiedade naquela época acreditavam poder comprar-lhes a salvação. (Lindberg, 2001, p. 96)

Ainda sobre a venda indulgências, Sproul e Nichols (2017, p. 114) apresentam duas teses de Lutero:

> Lutero afirmou o seguinte: "Deve-se ensinar aos cristãos que, dando ao pobre ou emprestando ao necessitado, procedem melhor do que se comprassem indulgências" (tese 43). De igual modo, "quem vê um carente e o negligencia para gastar com indulgência obtém para si não as indulgências do papa, mas a ira de Deus" (tese 45).

Nesse contexto religioso, a venda de indulgências era apenas a ponta do *iceberg* de um grande esquema de corrupção dentro da Igreja. Não é possível detalhar nesta obra outros pormenores, mas existe no mundo acadêmico vastíssimo acervo historiográfico sobre o assunto. Ainda assim, podemos perceber, com as informações já expostas, que a Reforma Protestante iria eclodir diante de tantos acontecimentos, sendo somente uma questão de tempo e oportunidade (Sproul; Nichols, 2017).

A propósito, falando em oportunidade, a Igreja romana teve todas as chances e sentiu os sinais para reverter a situação crítica e previsível para a qual estava caminhando: o cisma. A Igreja foi avisada sobre isso pelas transformações ocorridas em todas as áreas da sociedade europeia durante a Baixa Idade Média, assim como pelos pré-reformadores e diversos movimentos religiosos que eram nitidamente contrários aos seus mandos e desmandos – especialmente com relação ao alto clero. Muitos foram os renascentistas, burgueses e reis que questionaram e demonstraram insatisfações sobre como a Igreja dava e omitia o alimento material e, acima de tudo, o alimento espiritual ao seu grande rebanho (Sproul; Nichols, 2017).

Observamos que, a princípio, Lutero não queria a separação da Igreja de Roma, e sim a reforma dentro dela. Porém, percebendo que as suas críticas não surtiram efeitos positivos nos clérigos romanos, não havendo nem disposição nem reconhecimento dos erros para efetuar as mudanças, o reformador rompeu com a Igreja:

> Em 31 de outubro de 1517, Lutero afixou suas 95 Teses na porta da igreja do Castelo de Wittenberg. Nelas, condenava os abusos do sistema de indulgências e desafiava a todos para um debate sobre o assunto. Uma leitura das 95 Teses revela que Lutero estava apenas criticando os abusos do sistema das indulgências, na intenção de reformá-lo. Entretanto, entre 1518 e 1521, ele foi forçado a admitir a separação do romanismo como a única alternativa para se chegar a uma reforma que significasse uma volta ao ideal da igreja revelado nas Escrituras. (Cairns, 1995, p. 235)

Após a ruptura com Roma e com a ajuda da nascente imprensa, as ideias de Lutero foram propagadas rapidamente pela Europa (Sproul; Nichols, 2017).

PRESTE ATENÇÃO!

É fato histórico inquestionável que as ideias luteranas foram fundamentais para as mudanças religiosas ocorridas em outros lugares, incluindo a Dinamarca, a Hungria, a Suécia, a Suíça, a Holanda, a Inglaterra e a Escócia. As ideias reformadoras foram além dos territórios alemães e, também, transpostas aos Estados germânicos independentes do século XVI. A rigor, sabe-se que naquele contexto reformista não havia a Alemanha unificada, pois tal unidade só aconteceria em 1871 (Sproul; Nichols, 2017).

Apesar da situação da reforma religiosa na Inglaterra ser peculiar, as mudanças ocorridas em solo inglês se deram ainda no contexto da Reforma Protestante e sofreram influências gradativas das ideias do protestantismo reformador luterano e, depois, do calvinismo (Sproul; Nichols, 2017).

3.4 Biografia de João Calvino

João Calvino (1509-1564) nasceu em Noyon, nordeste da França. Nesse tempo, Lutero já lecionava em Wittenberg. Filho de um advogado (Gérard Cauvin), Calvino mudou-se para Paris em 1523. Estudou latim, humanidades (Collège de la Marche) e teologia (Collège de Montaigu). Estudou na Universidade de Paris, período em que teve contato com o médico e humanista Guillaume Cop e quando lhe foram apresentadas as ideias protestantes. Em 1528, seu pai o enviou para estudar direito na Universidade de Orleans e, depois, em 1529, para a Universidade de Bourges (Sproul; Nichols, 2017).

Calvino pagava os seus estudos com benefícios eclesiásticos conseguidos por meio do pai, que era secretário do bispo e procurador da biblioteca da catedral. Quando se converteu, em 1533 (há incertezas quanto a essa data), dispensou tais benefícios (González, 2011).

Foi perseguido, abandonou a França em 1534 e se refugiou em Basileia. Segundo alguns historiadores, o reformador, antes de chegar a essa cidade suíça, refugiou-se em outras, depois voltou à sua cidade natal (Noyon). Foi então para Paris, em seguida, a Orleans, e aí, finalmente, sabe-se que em 1535 o reformador chegou à Basileia (González, 2011).

Por que Calvino teve de fugir? Entendeu-se que ele havia colaborado com os discursos de Nicolas Cop, que era filho do médico do Rei Francisco I (1515-1547) e reitor da Universidade de Paris, defendendo o protestantismo (González, 2011).

Em 1536, o reformador concluiu a primeira edição de *As institutas da religião cristã*, em Basileia, aos 26 anos de idade (González, 2011). A obra contém uma carta endereçada ao rei da França, Francisco I, que procura defender os cristãos da fúria dos adversários dos protestantes e apela pela clemência do rei francês:

> Como, porém, me apercebesse de até que ponto tem prevalecido em teu reino a fúria de certos degenerados, de sorte que não há neles lugar a nenhuma sã doutrina, dei-me conta da importância da obra que estaria para fazer, se, mediante um mesmo tratado, não só lhes desse um compêndio de instrução, mas ainda pusesse diante de ti uma confissão de fé mercê da qual possas aprender de que natureza é a doutrina que, com fúria tão desmedida, se inflamam esses tresloucados que, a ferro e fogo, conturbam hoje teu reino. Pois nem me envergonharei de confessar que compendiei aqui quase que toda a súmula dessa mesma doutrina que aqueles vociferam que deveria ser punida com o cárcere, o exílio, o confisco, a fogueira, que deveria ser exterminada por terra e mar. (Calvino, 2018, p. 235)

A obra é uma exposição da fé protestante. Foram várias as edições de *As institutas da religião cristã*. A primeira continha apenas seis capítulos, sendo um pequeno livro que tecia comentários sobre a Lei do Senhor, o Decálogo, a profissão de fé dos apóstolos, o Pai-Nosso, a oração dominical, os sacramentos, os cinco falsos sacramentos romanos e a liberdade dos cristãos. Porém, no formato final oferecido por Calvino (1559 ou 1560), a obra tinha quatro livros com oitenta capítulos (González, 2011).

"Em geral, concorda-se que, ao escrever esse livro, Calvino inspirou-se no catecismo de Lutero de 1529 e em seus tratados Do Cativeiro Babilônico da Igreja e Da Liberdade do Cristão" (McGrath, 2007, p. 93).

Pelo que lemos sobre Calvino, o jovem, a princípio, não tinha a intenção de ser pastor. Ele queria se dedicar aos estudos e aos seus escritos, por isso se dirigiu para Estrasburgo à procura do ambiente adequado para desenvolvê-los. Impedido, porém, de seguir diretamente para tal cidade, por haver guerra entre a França e o imperador do Sacro Império Romano-germânico, no caminho Calvino teve de mudar a rota e passar em Genebra. A intenção era ficar apenas uma noite e retomar o rumo a Estrasburgo (González, 2011).

Pode-se dizer que, no tempo da chegada de Calvino, Genebra, em 1536, já tinha abraçado a fé protestante havia meses. Isso foi possível por meio dos missionários de Berna (distante de Genebra uns 150 quilômetros), que eram liderados por Guilherme Farel (1489-1565) (González, 2011).

Farel ficou sabendo da estadia de Calvino na cidade e logo quis encontrá-lo. Instou que o autor de *As institutas da religião cristã* ficasse em Genebra, a fim de ajudá-lo. Farel conhecia a capacidade de Calvino ao mesmo tempo que reconhecia a sua, e, por isso, apresentou-lhe os motivos para que permanecesse na cidade (González, 2011). Calvino, ao ouvir Farel, rogou: "Deus amaldiçoe o teu descanso e a tranquilidade que buscas para estudar, se diante de uma necessidade tão grande te retiras e te negas a prestar socorro e ajuda" (González, 2011, p. 60). Diante de tal imprecação, Calvino relata: "Essas palavras me espantaram e me quebrantaram, e desisti da viagem que empreendia" (González, 2011, p. 67).

Há de se considerar o trabalho de Guilherme Farel em Genebra. Ele já tinha uma razoável experiência porque a sua conversão, em 1521, deu-se quando conheceu as doutrinas luteranas. Foi ele quem inseriu a Reforma em Genebra, contudo, tal Reforma precisava de solidez e de ser consolidada. Ao que parece, era um missionário autêntico que lutava ardentemente pelo crescimento do Evangelho" (González, 2011, p. 67).

Por fim, Calvino e Farel acabaram sendo expulsos da cidade. Eles tentaram implantar as doutrinas reformadas – digamos assim – ao "pé da letra", mas com isso travaram conflitos, especialmente com a classe burguesa – que seguia desejosa de uma vida sem muitas regras religiosas. Tanto é que os adversários não suportaram, entre outros, o argumento de Calvino de que os pecadores que não demonstrassem genuíno arrependimento deveriam ser excomungados. É lógico que nem todos poderiam participar da Ceia do Senhor, sendo alguns de fato proibidos de tal participação. De todo modo, percebe-se que o conselho da cidade os expulsou, em 1538, porque considerou as exigências dos reformadores muito radicais (González, 2011).

Calvino dirigiu-se, afinal, para Estrasburgo, que era uma cidade "livre" do Sacro Império Romano-germânico (hoje França). Encontrou ali trabalho, passando a pastorear os refugiados franceses. O reformador foi conduzido a esse serviço pela prestimosa mão do seu amigo Martin Bucer (1491-1551). Calvino morou em Estrasburgo de 1538 a 1541 (González, 2011).

Bucer foi influenciado por Lutero e abandonou a Igreja de Roma em 1518, e, dentre outros lugares, trabalhou arduamente para a Reforma em Estrasburgo. Foi obrigado, em 1548, a deixar a cidade. Em 1549, partiu para a Inglaterra e deu aulas na Universidade de Cambridge e, também, ajudou – direcionado por Thomas Cremer – na segunda revisão do *Livro de Oração Comum*. Morreu na Inglaterra não muito depois, em 1551 (González, 2011).

Ainda em Estrasburgo, Calvino casou-se com uma viúva, Edelette de Bure, com quem teve um filho. O menino morreu ainda na infância e Edelette faleceu em 1549. Os três anos que passou em Estrasburgo fizeram bem para Calvino, pois aprendeu muito com Bucer e escreveu a segunda edição de *As institutas da religião cristã* – além de outros escritos (González, 2011).

Em meados de 1541, Calvino, a pedido dos genebrinos, voltou para continuar a reforma que começara na Suíça. A essa altura, entende-se bem, o reformador contava com mais experiências espirituais e preparo administrativo. De mais a mais, se os protestantes genebrinos pediram o seu retorno, era porque a situação política e religiosa em Genebra não estava andando bem (González, 2011). A relação de Calvino em Genebra foi conflituosa, pois, obviamente, nem todos os que faziam parte da política (governo) e do clero (Igreja) gostavam de suas ideias e atitudes – consideradas, muitas vezes, bem radicais (González, 2011).

Logo que chegou à cidade, Calvino escreveu as *Ordenanças eclesiásticas*. Com tal material – uma espécie de Constituição aceita pelo governo local – surgiu uma nova organização civil e religiosa na cidade (González, 2011). Criou-se um tipo de "tribunal cristão" composto por quatro classes de magistrados, ou seja, quatro oficiais da Igreja, de acordo com González (2011):

1. **pastores** – dedicados à pregação e à ministração dos sacramentos;
2. **doutores** – deveriam se aprofundar no estudo das Escrituras e instruir o povo com sapiência divina;
3. **presbíteros** – deveriam cuidar da disciplina da comunidade cristã;
4. **diáconos** – deveriam cuidar da ação social da Igreja ao fazer o bem ao próximo, aos doentes e aos pobres.

Segundo Shelley (2004, p. 289): "Quatro categorias governavam a Igreja: pastores, professores, presbíteros e diáconos. Os doze presbíteros com os ministros formavam o Consistório, responsável pela supervisão moral da cidade. Eram considerados transgressões ausentar-se do culto para beber, adultério, jogar e dançar".

3.5 O legado teológico de Calvino

Como observado por Shelley (2004), a liderança da Igreja ficou sob a responsabilidade do Consistório formado por pastores e 12 leigos. Não podemos nos esquecer que Genebra era uma cidade, ainda que formalmente, debaixo do poder do Sacro Império Romano-germânico. Era "livre" e, pode-se dizer, uma república protestante em que a Igreja, que havia concordado em aderir à Reforma, estava unida ao Estado. Com isso, estava-se diante de uma Igreja estatal, até porque aquele não era o contexto dos Estados laicos. Tanto é que, analisando o contexto de Calvino em Genebra, alguns eruditos classificam a cidade como *teocrática*.

O termo *teocracia* (*teo* = Deus e *cracia* = poder) tem a ver com o pleno governo de Deus. Ora, o termo até pode ser aceito academicamente, ou seja, quando se refere a um Estado governado ou submetido às leis e às normas de uma Igreja ou de uma religião. Espiritual e teologicamente, porém, o termo implica um Estado plenamente submetido à vontade de Deus – o que de fato nunca aconteceu, no plano terreno, no pós-queda de Adão. Logicamente, deve-se isso à desobediência do homem e podemos exemplificar usando o contexto da história bíblica com relação ao povo de Israel. Deus, de fato, nunca pôde exercer a plenitude do Seu poder no meio do referido povo, e entre nós, os gentios, etnicamente falando, também nunca o pôde de forma absoluta. Então, pode-se dizer que muitas religiões (para a academia) exerceram "teocraticamente" tal sistema de governo, e, não raro, mataram e ainda matam em nome de Deus (González, 2011).

Sempre ocorreram conflitos entre o Consistório e o governo de Genebra. Ou seja, entre o corpo eclesiástico e o governo civil. No mais, em um desses momentos de tensão na teocracia genebrina, em 1553, deu-se o caso da execução do espanhol Miguel Servet (González, 2011).

Servet era médico, erudito, contra a união da Igreja com o Estado. Ele já era perseguido pela Inquisição católica na França e, entre outras coisas, acusado de heresia – especialmente contra a Trindade. Fugitivo, passou em Genebra e aproveitou para ouvir

Calvino, mas foi reconhecido entre os demais e abriu-se o processo que terminou com a sua execução (González, 2011). Servet morreu em 1553 e algumas obras dizem que ele foi queimado vivo, enquanto outros dizem que – a pedido de Calvino, que queria para o condenado uma morte menos cruel – o erudito morreu decapitado (González, 2011). Outros ainda, como Cairns (1995), dizem que ele foi executado.

> Para garantir a eficácia do sistema, Calvino estabeleceu outras penalidades mais severas. [...] Estas penalidades se configuraram severas demais, quando 28 pessoas foram executadas e 76 exiladas em 1546. Por questionar a doutrina da Trindade, Servet foi executado 1553. Embora não se justifiquem tais atos, deve-se lembrar que o povo de então cria que estava seguindo a religião do Estado e que a desobediência deveria ser punida com a morte. Esta convicção era compartilhada por protestantes e católicos. Hoje, algumas das normas de Calvino seriam consideradas como injustificadas interferências na vida particular. (Cairns, 1995, p. 254)

Pensamos que a questão não é culpar Calvino ou quem quer que seja, mas entender o contexto do século XVI. Naquele tempo, inclusive em reinos protestantes, era normal a heresia ser punida com a morte. Em geral, uma Igreja estatal exigia dos seus adeptos lealdade aos seus dogmas. Então, levando-se em consideração o contexto sociopolítico da época, não era nenhum absurdo que o Estado protestante genebrino – ao molde da medieval Igreja de Roma – executasse os hereges.

Que fique claro que, em hipótese alguma, concordamos com tais atitudes. Conforme dito, apenas entendemos o contexto histórico do reformador.

Alegam alguns escritores que Calvino não tinha poder decisório em Genebra para determinar ou não a execução de Servet. Naquele momento, pelo que se lê, o reformador estava em conflito com uma classe de magistrados no Conselho Municipal. Contudo, parece ser historicamente inegável que Calvino fez a denúncia, elaborou as acusações e participou do pedido de pena de morte para Miguel Servet, pois "foi reconhecido quando foi escutar Calvino pregar. Foi arrastado, e Calvino preparou uma lista de 38 acusações contra ele" (González, 2011, p. 78).

É sabido que, após esse acontecimento, Calvino promoveu, até a sua morte, mais paz entres os genebrinos. A Academia de Genebra foi fundada em 1559, sendo hoje a famosa Universidade de Genebra. A partir daí a cidade receberia pessoas de vários países a fim de estudar teologia (reformada) e direito. Contudo, pelo que se sabe, após o século XVIII (contexto iluminista) foram incluídos outros cursos (González, 2011).

Teodoro de Beza (1519-1605) foi o primeiro diretor da Academia de Genebra e, depois da morte de Calvino, assumiu a liderança reformada em Genebra (1564) (González, 2011).

A doutrina calvinista espalhou-se rapidamente por várias regiões da Europa, sendo, na verdade, os ensinos de Calvino até mais bem aceitos do que os de Lutero. Ainda que Lutero tenha causado grande impacto na sociedade alemã e em grande parte do resto da Europa, os fatos históricos declaram que as ideias calvinistas tiveram maior aceitação geral – especialmente entre a burguesa classe em ascensão.

A propósito, a explicação possível não está no fato de os reformadores estarem preocupados com a questão econômica em si. As mudanças religiosas – sem eles programarem, ou melhor, escreverem especificamente um tratado sobre capital – ajudaram a transformar a vida econômica, cultural e social da Europa e do mundo.

Se, portanto, para a análise das relações entre a ética do antigo protestantismo e o desenvolvimento do espírito capitalista partimos das criações de Calvino, do calvinismo e das demais seitas "puritanas", isso entretanto não deve ser compreendido como se esperássemos que algum dos fundadores ou representantes dessas comunidades religiosas tivesse como objetivo de seu trabalho na vida, seja em que sentido for, o despertar daquilo que aqui chamamos de "espírito capitalista". Impossível acreditar que a ambição por bens terrenos, pensando como fim em si, possa ter tido para algum deles um valor ético. E fique registrado de uma vez por todas e antes de mais nada: programas de reforma ética não foram jamais o ponto de vista central para nenhum dos reformadores – entre os quais devemos incluir em nossa consideração homens como Menno, George Fox, Wesley. Eles não foram fundadores de sociedades de "cultura ética" nem representantes de anseios humanitários por reformas sociais ou de ideais culturais. A salvação da alma, e somente ela, foi o eixo de sua vida e ação. (Weber, 2004, p. 81)

O escritor e sociólogo Max Weber (1864-1920), em *A ética protestante e o espírito do capitalismo*, versa sobre a influência do protestantismo no contexto da economia da pós-Reforma. Não se pode concordar com tudo que o ilustre pensador fala, mas é inegável que o objetivo de vida dos reformadores não era pensar nem escrever sobre um mundo capitalista ou coisas assim. Nem por isso, aliás, eram tolos nesse aspecto. De igual modo, é inegável a influência dos reformadores na sociedade europeia e mundial, inclusive no quesito mudança de mentalidade econômica. Isso inclui, obviamente, a valorização do trabalho e não perder a oportunidade que Deus confere aos seus eleitos para que façam bons negócios e prosperem na vida.

A fé reformada espalhou-se à custa do derramamento de sangue de muitos protestantes por todas as regiões da Europa. Por exemplo, na França, os huguenotes (protestantes franceses) calvinistas cresceram, assustando e enfurecendo os católicos. Eles foram perseguidos e milhares foram massacrados pela força da religião dominante (González, 2011).

Em meio à perseguição católica na França, nasceu, em 1559, a *Confissão galicana* ou *Confissão da La Rochelle*. Essa confissão de fé reformada francesa teve a prestimosa colaboração de Calvino. Um ano antes, contudo, foi elaborada a *Confissão de fé de Guanabara*, reconhecida por muitos como a primeira declaração de fé das Américas, também dita reformada e assinada por Jean de Bourdel, Matthieu Verneuil, Pierre Bourdon e André de la Fon. Por não negarem suas convicções bíblicas, os três primeiros foram executados e apenas André foi poupado. Dizem que, ainda que André tenha afrouxado as suas convicções, o motivo pelo qual não foi executado era ser o único alfaiate da colônia (González, 2011).

Sobre o massacre dos huguenotes, González (2011) destaca a famosa Noite de São Bartolomeu, na capital francesa, em 1572. Tal noite foi apenas o início, nos domínios do território francês, dos conflitos sangrentos entre católicos e huguenotes. Tais batalhas pareceram intermináveis até que Henrique IV (1589-1610) promulgou o *Edito de Nantes*, em 1598. Curiosamente, esse rei foi o mesmo que, ao deixar de ser protestante, havia dito que "Paris bem vale uma missa" (González, 2011, p. 86) – o que provavelmente não tenha dito, mas sua atitude a fim de assumir o poder diante dos homens fê-lo negar a fé protestante. Até 1685, quando o documento foi revogado pelo rei Luís XIV (1638-1715) – o Rei Sol –, os huguenotes tiveram relativa paz na França (González, 2011).

Sobre a expansão do calvinismo na França e a Noite de São Bartolomeu, Oliveira (2010, p. 121) destaca:

Em 1559, havia 49 congregações calvinistas na França, quando um sínodo se reuniu em Paris, formando uma organização nacional e adotando uma confissão de fé calvinista. Em dois anos o número de congregações aumentou para 2.150. Entre 1562 e 1598, houve uma série de guerras entre católicos e huguenotes, incluindo o célebre Massacre de São Bartolomeu na noite entre 23 e 24 de agosto de 1572. Essas lutas tiveram motivos mais políticos do que religiosos. No famoso massacre os protestantes foram caçados de casa em casa, com o número de mortos, conforme apresentado por alguns historiadores, variando entre 13.000 e 100.000.

Na Alemanha, a fé reformada penetrou fortemente e tomou muitas vezes o lugar do luteranismo. Destaque especial é dado à conversão ao calvinismo de Frederico III (1515-1576). Sob a tutela deste, na importante província alemã do Palatinado, foi escrito o *Catecismo de Heidelberg*, sendo a primeira edição publicada em 1563. Esse documento e a *Confissão belga* (que, em tempos de luta contra a Espanha católica, foi elaborada na região sul dos Países Baixos – atualmente, Bélgica – por Guido de Brès, em 1561) fizeram e fazem parte da base doutrinária das Igrejas reformadas. O catecismo, que é uma espécie de bússola moral para a vida cristã, foi abraçado indelevelmente pelos calvinistas alemães e gradativamente alcançou o mundo (González, 2011).

SÍNTESE

Vimos neste capítulo que a Reforma Protestante foi um marco não apenas na história do cristianismo, mas também para a história ocidental. O monge Martinho Lutero, ao afixar as 95 teses na Catedral de Wittenberg, questionou importantes dogmas da Igreja, como a infalibilidade papal e a venda de indulgências. Isso abriu caminho ao surgimento do protestantismo, que rompeu com a hegemonia católica na Europa. Apesar de dura perseguição que sofreu, Lutero conseguiu disseminar suas ideias na Alemanha, tendo, inclusive, o apoio de vários príncipes que também viam no movimento luterano possibilidades de ampliação de suas esferas de poder. João Calvino também foi outro reformador de destaque na Europa, influenciando países como a Suíça e a França.

Atividades de autoavaliação

1. Assinale a alternativa que apresenta a afirmação correta:
   A) A última metade do século XVI foi marcada por uma série de movimentos religiosos associados à Reforma Protestante.
   B) Era desejo de seu pai que Lutero se tornasse um monge agostiniano.
   C) Entre 1513 e 1517, Lutero ensinou a respeito de Lucas, Tiago e Apocalipse.
   D) A publicação das 95 teses deu início ao confronto entre os interesses de Roma e Lutero.
   E) Desde os primórdios da Reforma Protestante, Lutero intencionava iniciar uma nova Igreja.

2. Assinale a alternativa que apresenta a afirmação correta:
   A) Calvino fez parte da primeira geração de reformadores.
   B) *As institutas da religião cristã* era uma obra com oitenta capítulos divididos em quatro capítulos.
   C) Em *As institutas da religião cristã*, Calvino aponta um tipo de conhecimento: o conhecimento de nós mesmos.
   D) A doutrina da predestinação de Calvino está relacionada com a teologia natural, divergindo daquilo que foi ensinado pelos demais reformadores.
   E) A predestinação é o centro da teologia de Calvino.

3. Durante o período da reforma, os camponeses alemães fizeram diversas reivindicações, **exceto**:
   A] liberdade de pesca e caça.
   B] manutenção da servidão dos camponeses.
   C] supressão dos juros insuportáveis sobre as terras.
   D] livre utilização da madeira para todos.
   E] liberdade de escolher um pastor e conferir se de fato ele pregava e vivia conforme o Evangelho.

4. Assinale a alternativa que apresenta a afirmação correta:
   A] Lutero morreu em 1546, em Eisleben, e sua esposa faleceu em 1552.
   B] Filipe Melanchthon (1497-1560) foi apenas o principal opositor de Lutero.
   C] As ideias de Müntzer, dando ênfase à cura divina e a uma sociedade sob o pleno comando divino (teocracia), tinham muito a ver com as ideias dos chamados *profetas de Zwickau*.
   D] Do começo ao fim da reforma Lutero defendeu os camponeses.
   E] Lutero morreu martirizado pelo império de sua época.

5. Assinale a alternativa que apresenta a afirmação **incorreta**:
   A] Calvino pagava os seus estudos com benefícios eclesiásticos conseguidos por meio de seu pai.
   B] Calvino foi perseguido, abandonou a França em 1534 e se refugiou em Basileia.
   C] No tempo da chegada de Calvino, Genebra, em 1536, já tinha abraçado a fé protestante há meses.
   D] Em meados de 1541, Calvino, a pedido dos genebrinos, voltou para continuar a reforma que começara na Alemanha.
   E] A relação de Calvino em Genebra foi conflituosa, pois, obviamente, nem todos os que faziam parte da política (governo) e do clero (Igreja) gostavam das ideias do reformador.

Atividades de aprendizagem

Questões para reflexão
1. O que a Reforma Protestante tem a dizer para a Igreja da atualidade?
2. Qual é o ponto central da teologia reformada?

Atividade aplicada: prática
1. Faça uma pesquisa sobre as 95 teses de Lutero e descreva o que elas dizem sobre as indulgências.

A SEPARAÇÃO ENTRE RELIGIÃO E POLÍTICA: LOCKE, BENJAMIN CONSTANT E A PERSPECTIVA DEMOCRÁTICA-LIBERAL

Parte considerável dos países ocidentais são caracterizados pela perspectiva democrática-liberal. Neste capítulo que se inicia, iremos descrever a biografa de dois grandes expoentes do pensamento liberal: John Locke e Benjamin Constant. Não se deve confundir esse liberalismo com o liberalismo que influenciou a teologia nos séculos XVIII e XIX. O liberalismo que iremos estudar aqui diz respeito a uma compreensão do papel do estado na organização social. Durante o capítulo, vamos aprofundar o entendimento do conceito, bem como do conceito de democracia.

4.1 Biografia de John Locke

John Locke nasceu na Inglaterra, em uma família de puritanos, em 1632. Filho de advogado, estudou em prestigiadas instituições de ensino da Inglaterra, tendo estudado filosofia clássica, filosofia moral, lógica, geometria, retórica, gramática, entre outras ciências. Quando recebeu sua primeira oportunidade de lecionar, suas principais disciplinas eram Grego, Retórica e Filosofia. Nesse período, tinha grande apreço por filosofia contemporânea, lendo principalmente René Descartes. Nos primórdios de 1660, escreveu *Ensaios sobre a lei natural*, cuja tese principal é a de que não há um conhecimento inato ao ser humano, pois tudo aquilo que conhecemos é resultado de nossa experiência com o mundo externo (Streck; Morais, 2014).

O primeiro escrito político de Locke apresentava certa tendência autoritária, pois, segundo ele, a ordem social deveria ser mantida pela autoridade. Nesse contexto, cabia ao Estado a função de manter a tranquilidade a qualquer preço, sendo necessário para isso um governo absoluto e que não poderia ser contestado. Em 1667, escreveu o texto *Ensaio sobre a tolerância*, em que já se percebe uma mudança em seu pensamento. Nessa obra, Locke afirma que um súdito teria todo o direito de desobedecer a ordem de um monarca caso esta estivesse relacionada a uma ação pecaminosa. Há aqui uma mudança na concepção de que o mais importante na política não é a segurança do Estado, mas os direitos do indivíduo (Streck; Morais, 2014).

Em 1668, John Locke passou a fazer parte da Royal Society of London for the Improvement of Natural Knowledge, o que lhe garantiu a possibilidade de estar sempre atualizado sobre os progressos científicos da época. Nesse mesmo período, tornou-se secretário dos *lords* (senhores) proprietários de Carolina, uma das colônias inglesas no norte dos Estados Unidos. Em 1669, chegou a escrever uma Constituição para aquela localidade, intitulada The *Fundamental Constitution of Carolina*. Esse texto constitucional defendia que apenas os grandes proprietários de terras tinham o direito de votar e que apenas os ricos tinham o direito de serem eleitos para o parlamento (Streck; Morais, 2014).

Em 1675, Locke viajou para a França e entrou em contato com o pensamento de Pierre Gassendi, uma de suas principais influências. Quando retornou para Londres, em 1679, deparou-se com uma série de conflitos políticos e sociais. O herdeiro do trono era o católico Jaime, porém, a maioria protestante não o aceitava como um sucessor ao trono. Em 1680, os *whigs* (indivíduos que defendiam o argumento de que o poder político está fundamentado sobre um contrato e de que toda resistência ao referido poder é legitima) diziam que existia uma série de complôs para assassinar o rei e colocar em seu lugar um governo católico e absolutista. Essa conspiração foi rapidamente desarticulada pelo então Rei Carlos II (Streck; Morais, 2014).

Os *whigs* defendiam que o trono deveria ser ocupado por um rei protestante, para que não fosse implantada uma monarquia absolutista como ocorria na França. Por isso, boa parte do pensamento político de Locke nesse período era no sentido de defender todo e qualquer direito de resistência a governos absolutistas e tirânicos. De 1688 a 1689 aconteceu a Revolução Gloriosa, sendo Locke o principal líder intelectual dessa revolução, que combateu a tentativa de manutenção de monarquias absolutistas (Streck; Morais, 2014).

Locke morreu em 1704, tendo acumulado terras e uma considerável fortuna. Alguns de seus livros se tornaram extremamente populares na época, fazendo do pensador britânico um dos maiores pensadores na Europa de todos os tempos (Streck; Morais, 2014).

4.2 Pensamento de Locke

A obra de filosofia política mais importante de John Locke é *Dois tratados sobre o governo civil*, escrita nos primeiros anos de 1680 – uma espécie de folhetim para divulgar o movimento dos *whigs*. O primeiro tratado era uma refutação ao texto de Sir Robert Filmer, intitulado *O poder natural dos reis*, o qual apoiava e justificava o absolutismo real. Para Filmer, Adão teria sido imbuído por Deus de uma autoridade plena sobre todo o mundo, de modo que os reis também teriam esse tipo de poder. Os monarcas, de acordo com Filmer, eram substitutos de Adão, e por conta disso estariam no direito de exercer o poder monárquico. Mais uma vez aqui vemos a justificativa religiosa sendo usada como fundamento para um tipo de governo autoritário (Streck; Morais, 2014).

Locke critica firmemente a posição de Filmer de que Deus tenha concedido a Adão uma autoridade real e de que esta foi transmitida a seus herdeiros. Nessa mesma linha, argumenta contra o modelo familiar como fundamento do exercício de poder. Essa prolongação do poder monárquico a partir do poder paternal chegou a ser ridicularizada por John Locke. Mas quem deveria exercer o poder governamental? O argumento mais forte usado por Locke contra o pensamento de Filmer era de que o Estado não poderia ser concebido como uma criação divina, mas como uma reunião política realizada entre pessoas livres e iguais. Ao contrário dos ideólogos do absolutismo real, Locke não pensava o Estado por meio de justificativas teológicas (Streck; Morais, 2014).

No segundo tratado, Locke discute qual seria a origem, a extensão e o objetivo final do governo civil; essas referidas discussões também foram respostas aos argumentos absolutistas de Thomas Hobbes (destacado filósofo e teórico político inglês e um dos principais pensadores do contratualismo) (Streck; Morais, 2014).

Há certas semelhanças entre os pontos de vista de Hobbes e Locke: 1) a concepção individualista do ser humano; 2) a lei natural como sendo uma lei importante para a autopreservação; 3) o contrato para a saída do estado de natureza; e 4) a sociedade política como alternativa ao estado de natureza. Todavia, as diferenças entre os dois autores são maiores. Por exemplo, Hobbes tinha uma visão pessimista a respeito da condição humana, enquanto Locke apresentava uma visão otimista. Essa concepção impactou significativamente a filosofia política de Locke (Streck; Morais, 2014).

O pensamento de Locke a respeito dos direitos naturais foi muito influente durante o século XVII. De acordo com o autor, existe uma lei natural inscrita no coração das pessoas a qual é anterior à lei positivada. Essas regras naturais governam as condutas dos seres humanos e podem ser descobertas racionalmente. De acordo com Locke, todas as pessoas têm uma racionalidade colocada por Deus; por meio dela, o indivíduo é dotado da capacidade de discernir o certo e o errado. No contexto dessa lei natural, o desejo primário seria o da autopreservação e o de evitar que a humanidade provoque danos a outras pessoas, tendo em vista que a liberdade, a vida e a propriedade são direitos irrenunciáveis (Streck; Morais, 2014).

A lei natural é o ponto central do segundo tratado de Locke e se inicia com uma pergunta de filosofia política: O que é o poder? O autor britânico afirma que poder é o direito de editar leis com o objetivo de regular e preservar a propriedade; a propósito, a defesa da propriedade privada é um conceito muito caro ao autor. Ainda conceituando o poder, ele entende que é o uso da força do Estado na execução das leis e na defesa da sociedade política contra os danos externos, sem nunca perder o foco do bem público (Streck; Morais, 2014).

Outro conceito-chave na filosofia política de Locke é o estado de natureza. Para o autor, esse estado consiste na vida em comunidade de pessoas guiadas pela razão sem a necessidade de um superior comum sobre a Terra, como autoridades com poder de fazer o julgamento e a administração de vida dos sujeitos. Nesse sentido, o estado de natureza seria regulado única e exclusivamente pela razão. Essa perspectiva é diametralmente oposta àquela concepção da origem divina dos reis. John Locke estabeleceu então novos padrões de governabilidade, assim como na comunidade política que é calcada na racionalidade humana e no entendimento entre as partes (Streck; Morais, 2014).

Os seres humanos que foram criados por Deus vivem em um estado de plena liberdade e de igualdade, de modo que não estão submetidos a um tipo de autoridade legislativa externa. Portanto, as pessoas não nascem sujeitas a nenhum tipo de poder. Viver nesse estado de liberdade não significa que as pessoas podem fazer o que bem entenderem como se fosse um ambiente anárquico. Conforme já dito anteriormente, o ser humano tem uma lei da natureza, que a todos obriga a fazer aquilo que é certo. Tendo em vista que todos são iguais e livres, ninguém poderia lançar mão dessa liberdade para causar dano a outrem (Streck; Morais, 2014).

Ainda no contexto de estado de natureza, uma pessoa tem plenos direitos de julgar e castigar quem desrespeita a lei natural, pois o referido transgressor colocaria em perigo toda a comunidade política (Streck; Morais, 2014).

4.3 Benjamin Constant e a liberdade dos antigos

O escritor e filósofo Henri-Benjamin Constant de Rebecque nasceu na cidade suíça de Lausanne, em 1767. Seus pais eram de origem francesa e protestante. Em 1778, Benjamin Constant ingressou na universidade alemã de Erlangen, a qual tinha cursos principalmente nas áreas de teologia protestante, jurisprudência e filosofia. Ele teve uma passagem conturbada por essa instituição de ensino, vindo a ser expulso dela, tendo de continuar seus estudos em Edinburgo, na Escócia. Ali se debruçou sobre as ideias de Adam Smith (economista escocês e considerado o pai da economia moderna), as quais foram fundamentais na construção seu pensamento sobre a liberdade individual. Em 1875, retornou para a Suíça, onde escreveu *História do politeísmo* (Mesquita, 2018).

Apesar de, no início, ter sido um opositor de Napoleão Bonaparte, não demorou muito para mudar de opinião, tendo apoiado o imperador em suas incursões imperialistas. Depois da derrota de Napoleão, Constant fugiu para a Inglaterra. Posteriormente, retornou para a França, onde sua carreira como orador liberal teve grande impulso, tendo publicado estudos sobre a liberdade de imprensa (Mesquita, 2018).

IMPORTANTE!

Uma das obras de maior destaque de Benjamin Constant é *Da liberdade dos antigos comparada à dos modernos*, na qual tratou das diferenças dos conceitos da liberdade entre os antigos e os modernos. Além disso, o autor discutiu os excessos cometidos durante a fase dos jacobinos[1] na Revolução Francesa (Mesquita, 2018).

Para Benjamin Constant, Robespierre[2] e seus correligionários aplicaram mal os conceitos de Jean-Jacques Rousseau:

> Para ele, Robespierre e seus partidários, ao utilizarem como fonte ideológica de suas ações as ideias políticas de Jean-Jacques Rousseau (1712-1778), mostraram na prática o anacronismo do pensamento político do filósofo genebrino, na medida em que este propôs como organização política para as sociedades modernas, com as suas características bastante peculiares e complexas, a realização da mesma concepção e do mesmo valor de liberdade que havia entre os antigos, mais exatamente, entre os espartanos e os romanos da República. (Piva; Tamizari, 2010, p. 188-189)

Além de pensador, Benjamin Constant foi um destacado político, tendo participado da Revolução Francesa e visto de perto os desdobramentos do governo napoleônico e a restauração da monarquia. Durante este último evento citado, atuou na Assembleia Nacional Francesa, tendo sido um dos expoentes mais expressivos

---

1   Grupo de revolucionários radicais que participaram da Revolução Francesa.
2   Advogado e político francês e uma das principais figuras da Revolução Francesa.

dos princípios liberais. Para Constant, a valorização da liberdade individual não acontecia da mesma forma que ocorrera entre os gregos e os romanos (Mesquita, 2018).

Constant afirmava que, no período antigo, a liberdade era concebida como a ativa participação dos cidadãos em decisões do poder político. Em outras palavras, a liberdade era mensurada pela participação do indivíduo nas decisões coletivas de sua comunidade política. Essa participação se dava sem a presença de intermediários; ela acontecia em praças públicas e os cidadãos deliberavam de forma direta a respeito de assuntos como prestação de contas, acordos de paz, entre outros (Piva; Tamizari, 2010).

Esse modelo de participação política era possível por conta de características geográficas, pois os Estados-cidades possuíam dimensão territorial bem curta. Nesse tipo de sociedade, a escravidão era um fator que contribuía para o exercício desse tipo de liberdade, pois os cidadãos livres gozavam de tempo livre para atuarem nas decisões políticas (Piva; Tamizari, 2010).

Benjamin Constant afirmava que a autonomia que as pessoas da Antiguidade tinham na esfera pública poderia ser aplicada à vida particular, tendo em vista que, na questão da individualidade, ainda havia submissão dos interesses particulares aos interesses da coletividade:

> Não encontrareis entre eles quase nenhum dos privilégios que vemos fazer parte da liberdade entre os modernos. Todas as ações privadas estão sujeitas à severa vigilância. Nada é concedido à independência individual, nem mesmo o que se refere à religião [...]. Nas coisas que nos parecem mais insignificantes, a autoridade do corpo social interpunha-se e restringia a vontade dos indivíduos [...]. Mesmo nas relações domésticas a autoridade intervinha. O jovem lacedemônio não pode livremente visitar sua jovem esposa. Em Roma, os censores vigiam até no interior das

famílias. As leis regulamentam os costumes e, como tudo dependia dos costumes, não havia nada que as leis não regulamentassem. (Constant, 1985, p. 16)

Para Constant, o fim da escravidão no mundo moderno significou que todas as pessoas teriam de trabalhar, eliminando assim o ócio que na Antiguidade era usado para a atividade política de determinado grupo social. O crescimento populacional dos Estados expandiu as fronteiras, tornando as cidades mais complexas, o que dificultou ou até mesmo inviabilizou a participação direta dos indivíduos nos moldes como acontecia na Antiguidade. Essas transformações sociais alteraram as concepções de liberdade para os modernos (Mesquita, 2018).

Piva e Tamizari (2010) elencam como a nova concepção de liberdade se manifestou por meio de uma série de direitos:

- o império das leis e o fim da arbitrariedade de um soberano;
- a liberdade de expressão, de locomoção e de culto religioso;
- o direito à propriedade privada, podendo o proprietário dispor dela conforme a sua vontade;
- o direito de influenciar na administração de governos por intermédio de nomeações de funcionários, petições e reivindicações apresentadas às autoridades estabelecidas.

De acordo com Constant, essa concepção de liberdade gerada no mundo moderno ocasionou o surgimento de um novo perfil de governo. A tarefa primária seria a de garantir que os cidadãos tivessem suas liberdades individuais respeitadas (Mesquita, 2018).

4.4 Igreja e liberalismo

Definir o liberalismo é uma tarefa complexa, tendo em vista que se trata de um conceito amplo. Para Bobbio (1988, p. 85), "o liberalismo é uma determinada concepção de Estado, na qual o Estado tem poderes e funções limitadas, e como tal se contrapõe tanto ao Estado absoluto quanto ao Estado que hoje chamamos de social." De acordo com Streck e Morais (2014, p. 39, grifo do original):

> No Século XIX, o liberalismo tornou-se a doutrina da monarquia limitada e de um governo popular igualmente limitado, já que o sufrágio e a representação eram restritos a cidadãos prósperos. Hoje em dia, o que a palavra *liberal* geralmente significa na Europa continental e na América Latina é algo de muito diverso do que significa nos EUA. Desde o *New Deal* de Roosevelt, o liberalismo americano adquiriu, nas palavras de Richard Hofstadter, "um tom social-democrático".

O liberalismo clássico é a ideologia que vê o indivíduo no centro da política, atribuindo a ele direitos subjetivos invioláveis; e toda a ordem política gira em torno desses direitos. Liberalismo é a resposta a certos novos desafios que vieram com o advento da modernidade (Mises, 2010).

Há pelo menos quatro grandes elementos no liberalismo: histórico, econômico, político e jurídico.

No que diz respeito à história, essa doutrina política é originária das revoluções inglesas do século XVII e da Revolução Francesa do século XVIII. É importante destacar também que nos séculos antecedentes aconteceram grandes movimentos culturais e sociais na Europa que influenciaram pessoas a questionarem as monarquias absolutistas; referimo-nos aqui ao Renascimento e ao Iluminismo. Além disso, o florescimento da classe burguesa também aumentou os anseios para a implantação de novos modelos políticos. A doutrina econômica do liberalismo reivindica o livre mercado com pouca intervenção do Estado e tem em Adam Smith um de seus principais teóricos (Mises, 2010).

No que diz respeito à política, no liberalismo há uma predominância do parlamentarismo, de modo que cabe a ele a escolha de quem governará o país. E, por fim, no aspecto jurídico prevalece a teoria da tripartição dos três poderes, conforme teorizada por Montesquieu[3], e a democracia representativa é um dos valores máximos (Mises, 2010).

O socialismo, assim como o liberalismo, também desenvolveu uma teoria descritiva da realidade e de como o mundo deveria ser. Além disso, essa doutrina política também preserva o aspecto jurídico do liberalismo na busca pela preservação dos três poderes e da democracia. O foco dos socialistas é a luta contra as ideologias que mantêm a estrutura econômica desigual. O socialismo também desenvolveu um horizonte utópico que culminaria no comunismo. O fascismo tem uma prevalência do executivo, de modo que o mandatário do país é idealizado como alguém que irá conduzir a nação numa luta contra certos inimigos. Em geral, esses inimigos são todos aqueles que não concordam com a visão de mundo dos fascistas (Mises, 2010).

Com o advento da modernidade, surgiu a noção de indivíduo. Assim, o indivíduo que se autodefinia com as tradições religiosas entrou em crise. No mundo antigo, as pessoas eram membros de uma comunidade, sendo definidas pela tradição. O avô e o pai eram ferreiros e o filho daria continuidade à tradição. Assim, a partir da modernidade, as pessoas deixaram de se definir por meio da religião. O indivíduo teve de se redefinir a partir de si mesmo: escolher qual vida, profissão, que teria. Isso surgiu no século XVI. Esse é o indivíduo moderno: não é definido pela tradição. Ele também é

---

3 "Montesquieu (1689-1755) foi um filósofo social e escritor francês. Foi o autor de "Espírito das Leis". Foi o grande teórico da doutrina que veio a ser mais tarde a separação dos três poderes: Executivo, Legislativo e Judiciário. É considerado o autêntico precursor da Sociologia Francesa. Foi um dos grandes nomes do pensamento iluminista, junto com Voltaire, Locke e Rousseau" (Frazão, 2022).

racional, não orientado pelo mito. Está preocupado em realizar seu próprio interesse (indivíduo autointeressado) (Mises, 2010). Agora a pessoa não tem mais a *polis* (cidade) no sentido grego nem o império no sentido romano, mas um Estado que centralize todas as decisões jurídicas nele. O Estado tem o monopólio da lei e da coerção. Autossustentação de força. O Estado promete segurança e proteção. Entretanto, aquele indivíduo que aspira à liberdade tem também no Estado seu adversário, pois o Estado é aquele que pode obrigar a pessoa a qualquer coisa. Sem um Estado forte não há como ser livre, mas com o Estado forte a pessoa teme pela possibilidade de ser vítima da arbitrariedade do Estado (paradoxo) (Mises, 2010).

O liberalismo quer resolver essa questão, ou seja, quer um Estado forte, mas que não invada a esfera de escolha do indivíduo. O capitalismo agora não é mais local e precisa vender e consumir cada vez mais. A economia agora é para se produzir, vender e consumir cada vez mais, buscando sempre mais mercados. A economia capitalista, nesse contexto, só existe se ela crescer. Para o liberalismo, se houver Estado de menos, há uma situação de insegurança que inviabiliza o funcionamento do sistema capitalista, que tem necessidade de projetos liderados pelo Poder Público, como regulação da moeda, construção de estradas, segurança pública, entre outros. Mas com Estado demais não tem como haver capitalismo, pois o Estado pode interferir demais nas relações de produção e consumo (paradoxo). O liberalismo quer uma medida certa entre segurança e liberdade para tornar possível as escolhas individuais e a circulação do capitalismo (Mises, 2010).

Em seus primórdios, o liberalismo se apresentava como uma teoria antiEstado (Streck; Morais, 2014). Seu núcleo central era a iniciativa dos indivíduos. O Estado teria uma responsabilidade reduzida, na medida em que sua tarefa seria a preservação da segurança e da ordem social; seu papel seria o de proteção das pessoas. Para essa tendência liberal, a intervenção para além dessas responsabilidades seria prejudicial, pois enfraqueceria as iniciativas individuais (Mises, 2010).

Podemos destacar aqui pelo menos três contribuições jurídicas do liberalismo: 1) os indivíduos têm direitos naturais, pelo simples fato de serem seres humanos racionais – são direitos pré-jurídicos, ou seja, vêm antes das leis do direito. Agora é o direito subjetivo que cria a lei; 2) esses direitos são invioláveis – estão dentro da concepção liberal (direito de não ter a propriedade invadida, direito à liberdade); 3) o Estado só age a partir daquilo que a lei diz – ele não pode agir fora da lei, mas ele está limitado à lei, ou seja, o estado só está autorizado a fazer aquilo que a lei permite (Estado de direito) (Mises, 2010).

No que diz respeito às relações entre Igreja e liberalismo, a Igreja católica se posicionou contrária a essa corrente ideológica desde seu surgimento no século XVIII. Ao longo do século XIX intensificaram-se as lutas e os papas passaram a condenar o liberalismo de forma direta e aberta. Uma das bandeiras do liberalismo clássico é uma sociedade laica e sem interferências da religião; essa ênfase no laicismo e na democracia gerou pesadas críticas por parte da Igreja (Mises, 2010).

O início do século XX foi marcado por profundas crises no Ocidente que resultaram na Primeira Grande Guerra. No final do conflito, diversas nações na Europa estavam destruídas e humilhadas, o que propiciou o surgimento de governos totalitários, de direita e de esquerda; tanto o clero como a Igreja foram perseguidos por esses governos totalitários. Esse fato levou essa instituição a repensar seus posicionamentos sobre seu papel na sociedade civil. Por intermédio do Papa Pio XII, em 1944, a Igreja declarou que a democracia era a forma mais justa de governo (Streck; Morais, 2014).

4.5 Compreensão da democracia

A palavra *democracia* é a união de duas palavras gregas: *demos* (povo) e *kratos* (poder), resultando em uma definição simples de "poder do povo". Em linhas gerais, em um governo democrático pode haver uma única pessoa ou um grupo na liderança, conquanto tenham sido eleitos e tenham também seus mandatos controlados pelo povo. Não se pode, entretanto, confundir democracia com eleição. Há ditaduras que usam das eleições apenas para camuflar seu projeto autoritário. Democracia também não pode ser simplesmente definida como o governo do povo, pois muitos indivíduos podem não se sentir representados nessa categoria *povo* que elegeu determinado grupo para governar o país. Pode-se dizer também que não existe apenas um único modelo de democracia no mundo; é perceptível a existência de democracias mais avançadas do que outras (Rancière, 2014).

Apesar dessa complexidade em se definir a democracia, Dahl (2005, p. 27) apresenta algumas características de um contexto democrático mais amplo:

1. Liberdade de formar e aderir a organizações
2. Liberdade de expressão
3. Direito de voto
4. Elegibilidade para cargos públicos
5. Direito de líderes políticos disputarem apoio
   5a. Direito de líderes políticos disputarem votos
6. Fontes alternativas de informação
7. Eleições livres e idôneas
8. Instituições para fazer com que as políticas governamentais dependam de eleições e de outras manifestações de preferência.

Apesar de todas essas características, desenvolver a democracia não é uma tarefa fácil. Há inúmeros desafios, um dos quais passa pelo entendimento de que democracia não é, necessariamente, o governo da maioria. A vontade das maiorias pode suplantar as minorias sem dar-lhes voz. Além disso, decisões da maioria podem ser caracterizadas pela injustiça. Ao identificar esse problema, os Estados Unidos, que também são uma das mais consolidadas democracias do mundo, criaram mecanismos para tentar evitar a tirania da maioria:

> Para evitar a tirania da maioria os pais fundadores americanos criaram uma segunda instância de representação igualitária que daria à minoria o poder de veto; criou-se então o Senado tal como o conhecemos nos sistemas presidencialistas de hoje, no qual cada estado da federação tem o mesmo número de representantes (câmaras de representação adicionais existem hoje em outros sistemas de governo, como o parlamentarismo). (Mattos, 2020, p. 122)

Outro elemento complexo do sistema democrático é como se dá a divisão do poder. Apesar de, no plano do ideal, o poder estar com o povo, na prática, democracia não é o governo pelo povo. Em nosso sistema, elegemos representantes para ocuparem o governo. É como se transferíssemos nosso poder de governar para outro. Esse outro toma uma série de decisões em nosso lugar. Nosso governo democrático é caracterizado pela tripartição de poderes, conforme teorizados por Montesquieu (1689-1755), ou seja, três instâncias: Legislativo, Executivo e Judiciário (Rancière, 2014).

Um dos objetivos dessa divisão do poder é que não seja implantada a tirania; é claro que o fato, por si só, de haver um Poder Legislativo, um Poder Executivo e um Poder Judiciário não é um sinal de democracia. Um exemplo disso é que durante o período do regime militar no Brasil havia a existência dos três poderes.

Entretanto, eles apenas mascaravam a existência de um governo autoritário. A democracia como a conhecemos hoje não é um sistema perfeito, tendo em vista que ela também está em evolução. Essa imperfeição não pode ser usada como justificativa para o enfraquecimento dos regimes democráticos do mundo. A democracia deve ser aperfeiçoada, e não substituída por regimes totalitários, como veremos no próximo capítulo.

Síntese

Vimos neste capítulo destacados nomes, como Locke e Benjamin Constant, os quais teorizaram sobre a perspectiva democrática-liberal. Esse novo modelo de Estado teria como um de seus fundamentos valores como liberdade e igualdade entre os indivíduos. O desdobramento dessas ideias impulsionou o estabelecimento do liberalismo, pois as pessoas teriam, de acordo com essa tendência política, condições de alcançar uma vida digna pelos seus próprios méritos. Além disso, vimos também que a compreensão de democracia vai além do voto, mas ela é caracterizada por uma intensa participação dos cidadãos nas decisões políticas de um país.

Atividades de autoavaliação

1. Assinale a alternativa que apresenta a afirmação **incorreta**:
   A) O primeiro escrito político de Locke possuía certa tendência autoritária, pois, segundo o autor, a ordem social deveria ser mantida pela autoridade.
   B) Locke afirma que um súdito teria todo o direito de desobedecer a ordem de um monarca caso ela estivesse relacionada a uma ação pecaminosa.
   C) Para Locke, um dos fatores mais importantes na política é a segurança do Estado, em vez dos direitos do indivíduo.
   D) Locke morreu em 1704, tendo acumulado terras e uma considerável fortuna.

E] Locke foi o principal líder intelectual da Revolução Gloriosa, que combateu a tentativa de manutenção de monarquias absolutistas.

2. Assinale a alternativa que apresenta a afirmação **incorreta**:
   A] A obra de filosofia política mais importante de John Locke é *Dois tratados sobre o governo civil*.
   B] Locke criticou a posição de Filmer de que Deus tenha concedido a Adão uma autoridade real e de que esta foi transmitida a seus herdeiros.
   C] O pensamento de Locke a respeito dos direitos naturais exerceu pouca influência durante o século XVII.
   D] De acordo com Locke, todas as pessoas têm uma racionalidade colocada por Deus.
   E] Para Locke, os seres humanos que foram criados por Deus vivem em um estado de plena liberdade e igualdade.

3. Assinale a alternativa que apresenta a afirmação **incorreta**:
   A] O escritor e filósofo Benjamin Constant nasceu na cidade suíça de Lausanne, em 1767.
   B] Além de pensador, Benjamin Constant foi um destacado político, tendo participado da Revolução Francesa.
   C] Constant afirmava que, no período antigo, a liberdade era concebida como a ativa participação dos cidadãos em decisões do poder político.
   D] Benjamin Constant afirmava que a autonomia que as pessoas da Antiguidade tinham na esfera pública poderia ser aplicada à vida particular.
   E] Constant foi um ferrenho crítico do direito à propriedade privada.

4. Assinale a alternativa que apresenta a afirmação **incorreta**:
   A) O liberalismo é uma determinada concepção de Estado na qual o Estado tem poderes e funções ilimitadas.
   B) O liberalismo clássico é a ideologia que vê o indivíduo no centro da política, atribuindo a eles direitos subjetivos invioláveis.
   C) No que diz respeito à história, o liberalismo é originário das revoluções inglesas do século XVII e da Revolução Francesa do século XVIII.
   D) No que diz respeito à política, no liberalismo há uma predominância do parlamentarismo, de modo que cabe a ele a escolha de quem governará o país.
   E) O socialismo, assim como o liberalismo, também desenvolveu uma teoria descritiva da realidade e de como o mundo deveria ser.

5. Assinale a alternativa que apresenta a afirmação **incorreta**:
   A) Com o advento da modernidade surgiu a noção de coletividade em detrimento de indivíduo.
   B) Em seus primórdios, o liberalismo se apresentava como uma teoria antiEstado.
   C) No que diz respeito às relações entre Igreja e liberalismo, a Igreja católica se posicionou contrária a essa corrente ideológica desde seu surgimento no século XVIII.
   D) A democracia deve ser aperfeiçoada, e não substituída por regimes totalitários.
   E) Na democracia, a vontade das maiorias pode suplantar as minorias sem dar-lhes voz.

ATIVIDADES DE APRENDIZAGEM

Questões para reflexão
1. O que você entende por um Estado democrático e de direito?
2. Democracia pode ser sempre definida como a vontade última da maioria?

Atividade aplicada: prática
1. Faça uma breve pesquisa de como era a democracia na Grécia antiga.

A RELIGIÃO E A POLÍTICA DIANTE DOS TOTALITARISMOS DO SÉCULO XX

A ameaça totalitária é uma realidade de nosso tempo. Baseados na filósofa alemã Hannah Arendt, vamos estudar, neste capítulo, as origens do totalitarismo a partir do nazismo alemão. Veremos tanto as características como os procedimentos desse regime que é mais do que tirânico. É de fundamental importância compreender também como totalitarismos contemporâneos se apropriam de justificativas religiosas para seus projetos de dominação total. A propósito, veremos quais os riscos de a religião se associar a projetos totalitários

5.1 Origens do totalitarismo

IMPORTANTE!

Uma das obras mais importantes do século XX que tratam sobre os totalitarismos é o livro *As origens do totalitarismo* (1951), de Hannah Arendt (1906-1975) (Arendt, 2012). Ela foi uma destacada filósofa política alemã de origem judaica que estudou a formação dos regimes autoritários (nazismo e comunismo) e uma grande defensora dos direitos humanos. Além de fazer uma radiografia dos sistemas totalitários do século XX, Hannah Arendt procurou fazer um alerta de como os totalitarismos ainda são uma ameaça para o nosso tempo (Arendt, 2012). Com forte influência agostiniana, a filósofa alemã afirma que a natureza humana está em risco, o que reduz as pessoas à simples condição de membros da espécie, que ela denomina "vida nua" (Arendt, 2012, p. 131).

Os campos de concentração do período da grande guerra, por exemplo, reduziram os seres humanos à condição de animalização, numa completa suspensão da dignidade humana. Para Hannah Arendt, não existe totalitarismo sem a existência dos campos de concentração, tendo em vista que eles são necessários a esse projeto de completa redução da condição humana. Este é um dos principais objetivos do totalitarismo: a degradação do ser humano. O totalitarismo teria a pretensão de uma dominação total, que vai muito além de outras formas autoritárias de governo, como a monarquia tirânica. Um dos principais recursos utilizados pelo totalitarismo é a propaganda e a mentira a fim de conquistar o apoio das massas (Arendt, 2012).

Em seu livro, Hannah Arendt procurou fazer uma descrição histórica das origens do totalitarismo. Inicialmente ela pretendia fazer uma análise do nazismo que, segundo a filósofa, era um sucessor do imperialismo, entretanto, ao longo da pesquisa ela incluiu o comunismo também na categoria de totalitarismo. (Arendt, 2012)

Segundo Arendt (2012), as origens do totalitarismo estão entre o final do século XVIII até o século XIX e tal corrente apresentaria os seguintes elementos:

- o declínio do Estado-nação;
- o racismo;
- o expansionismo;
- a aliança entre o capital e as massas.

Quanto ao racismo no período do nazismo, Arendt (2012, p. 165) afirma o seguinte:

> Mas, antes que o nazismo, no decurso de sua política totalitária, tentasse transformar o homem em animal, houve numerosos esforços de transformá-lo num deus por meios estritamente hereditários. Não somente Herbert Spencer mas todos os primeiros evolucionistas e darwinistas "acreditavam tão fortemente no futuro angelical da humanidade como na origem simiesca do homem". Acreditava-se que a hereditariedade selecionada resultaria do "gênio hereditário", e voltava-se a afirmar que a aristocracia era o produto natural não da política, mas da seleção natural de raças puras. Transformar toda a nação numa aristocracia natural, da qual exemplares seletos viriam a ser gênios e super-homens, era uma das muitas "ideias" produzidas por intelectuais liberais frustrados, em seus sonhos de substituir as antigas classes governantes por uma nova "elite" através de meios não políticos.

PRESTE ATENÇÃO!

O racismo como uma construção ideológica de hierarquização de pessoas é um dos elementos mais fortes dos totalitarismos, pois a inferiorização e degradação dos indivíduos é uma política de Estado de países totalitários. Por isso mesmo Hannah Arendt afirmou que o antissemitismo foi um dos grandes responsáveis pelo surgimento do totalitarismo. Chamado de *racismo científico* (produto do século XIX), que tinha como uma de suas principais influências o darwinismo social, o antissemitismo preconizava que certas raças eram biologicamente inferiores a outras. Uma das influências do nazismo foi o racismo científico, de modo que o totalitarismo vinha sendo moldado desde o século XIX (Arendt, 2012).

De acordo com Hannah Arendt, o totalitarismo também se origina por meio de uma novidade radical, rompendo com a tradição e propondo uma descontinuidade. É como se fosse a construção de um novo modelo de Estado totalmente reconfigurado e tendo como base outros valores. Nesse novo Estado totalitário há uma completa eliminação da liberdade de ação dos indivíduos, pois suas vontades precisam estar submetidas ao governo. Não raras vezes o discurso oficial do governo totalitário é a defesa da liberdade dos indivíduos, mas esse discurso é mais uma estratégia de manipulação das massas, tendo em vista que o objetivo primário é a completa subjugação da liberdade (Arendt, 2012).

Antes do regime totalitário na Alemanha, Hannah Arendt não tinha muito interesse pela política. Foi a partir do aprofundamento no nazismo na sociedade alemã que ela percebeu que não poderia se eximir do que estava acontecendo. Segundo a filósofa alemã, o totalitarismo estava fragilizando a esfera pública, pois estava ocorrendo uma despolitização da sociedade. Arendt (2012) denominou esse quadro de *antipolítica do totalitarismo*.

De acordo com Morgenthau (2003, p. 127):

> O que nós consideramos como ação política é para ela os passos preparatórios em direção à verdadeira ação política, ou de outro modo eles são irrelevantes à verdadeira ação política. O verdadeiro ato político é um ato de liberdade, um ato realizado por indivíduos livres na arena pública, indivíduos livres que interagem uns com os outros, e que expressam suas preferências pessoais através desta interação.

Além do nazismo, Hannah Arendt também estudou o comunismo soviético para fundamentar sua teoria a respeito das origens dos totalitarismos. De acordo com a filósofa alemã, o governo de Stalin tem todos os elementos de um Estado totalitário, como a degradação de vidas humanas e a suspensão de liberdades civis.

Desse modo, Hannah Arendt estabeleceu um padrão de como os governos de Adolf Hitler e Josef Stalin se organizaram até se tornarem Estados totalitários. Os totalitarismos começam com um movimento totalitário que, geralmente, reúne pessoas que estão descontentes com o atual estado de coisas na política. Geralmente, os indivíduos no pré-Estado totalitário são caracterizados pela apatia política e pela falta de interesse na coisa pública. O referido desinteresse é motivado por um sentimento de desconfiança em relação à política tradicional (Arendt, 2012).

Arendt (2012, p. 361) diz que:

> O termo *massa* só se aplica quando lidamos com pessoas que, simplesmente devido ao seu número, ou a sua indiferença, ou uma mistura de ambos, não se podem integrar numa organização baseada no interesse comum, seja partido político, organização profissional ou sindicato de trabalhadores. Potencialmente as massas existem em qualquer país e constituem a maioria das pessoas neutras e politicamente indiferentes, que nunca se filia a um partido e raramente exerce um poder de voto.

Portanto, foram exatamente as pessoas que eram indiferentes e sem participação política que se tornaram uma das bases dos governos totalitários. A atração dessas massas pelo projeto totalitário acontece por meio da propaganda política não com interesse em despertar uma opinião baseada em fatos, mas de criar um tipo de comportamento que leve a uma ação. O objetivo da referida propaganda é criar uma realidade imaginária, para que os indivíduos fiquem isolados do mundo real. Desse modo, a propaganda e a mentira são grandes armas usadas pelos totalitarismos. Por exemplo, o nazismo criou a mentira de que havia uma grande conspiração judaica de domínio. As massas não apenas acreditaram nessa mentira como ela se tornou uma das principais armas de guerra e de morte durante o período da Segunda Grande Guerra (Arendt, 2012).

Uma peça-chave no movimento totalitário é o líder. Um de seus papéis é fazer com que as massas acreditem nas mentiras e na propaganda totalitária; e ele usa todos os recursos para que a realidade das coisas permaneça oculta. Paira sobre esse líder uma aura de infalibilidade, pois as pessoas acreditam que ele é o único que pode conduzi-las a esse estado imaginário. Portanto, o líder totalitário recebe uma espécie de "cheque em branco" para que possa conduzir a massa a essa realidade paralela imaginária (Arendt, 2012).

Depois de absorvida pelas massas, a concepção de um mundo imaginário, bem como a infalibilidade do líder, o próximo estágio de um governo totalitário abrange a consolidação e o exercício do seu poder. Nesse contexto, é usada a própria administração do Estado para a manutenção e a ampliação do poder autoritário. Aquilo que começou como um movimento se apropria democraticamente do Estado e o transforma num ente totalitário. De acordo com Arendt (2012), quando o totalitarismo chega ao poder estatal e estabelece o Estado autoritário, cria um estado de permanente ilegalidade, destruindo assim a possibilidade de se chegar a uma normalização, e os indivíduos permanecem imbuídos da mentalidade ficcional.

A lei e a legalidade tradicionais são constantemente atacadas pelo governo autoritário, pois ele acredita que o ordenamento jurídico em vigor faz parte de um passado que não pode existir mais e que, se possível for, deve-se suspender a norma vigente para que seja possível chegar a essa realidade imaginária de sociedade. Lembre-se de que, ao fazer essa genealogia dos totalitarismos, Arendt (2012) quer não apenas descrevê-los, mas, acima de tudo, alertar para que os governos totalitaristas não se instalem novamente.

5.2 Características do totalitarismo tradicional

Quando chegam ao poder, os governos totalitários não nutrem apreço pela autoridade hierárquica. Toda a fonte de autoridade demanda a figura do líder, que exerce o domínio eliminando todas as formas de liberdade humana. Apesar de sua ascensão ter sido baseada em um discurso de liberdade, as práticas do líder no exercício do poder são caracterizadas pela supressão de liberdades e de questionamentos à sua autoridade. Nem sempre essa supressão das liberdades acontece de maneira compulsória, pois muitos indivíduos renunciam a sua própria liberdade para que o projeto ideológico totalitário seja executado. Esse é um dos resultados mais eficazes da política e da propaganda totalitária: o sacrifício da individualidade e da liberdade em prol da ideologia (Arendt, 2012).

Aqui há um aspecto idolátrico, pois, ao sacrificar a individualidade e a liberdade, deposita-se uma fé incondicional na figura do líder totalitário. Na Alemanha nazista, acreditava-se que Hitler era o único capaz de conduzir o país a essa realidade social que, no fundo, era imaginária. Não importam os meios utilizados para chegar a essa realidade utópica: mortes ou supressão da lei e das garantias individuais. Portanto, há uma espécie de hipnose coletiva, pois as mentalidades estão completamente entorpecidas pelo ideário totalitarista. A história nos mostra que os regimes totalitários cometeram homicídios em massa com o objetivo de implantar seus valores (Arendt, 2012).

IMPORTANTE!

Outra característica do totalitarismo tradicional é a necessidade de se eleger inimigos públicos. Como já dissemos anteriormente, o nazismo alemão elegeu os judeus como os grandes inimigos da sociedade alemã. Entretanto, o que torna esse processo perverso não é apenas a identificação de inimigos, mas a necessidade de eliminá-los. Dentro de um Estado totalitário, todos aqueles que são vistos como um obstáculo à concretização das políticas governamentais precisam ser não apenas questionados, mas, sobretudo, eliminados. Esse é, inclusive, um dos paradigmas da política contemporânea, ou seja, a eliminação do oponente. Esses inimigos passam a ser vistos como indesejáveis e, por isso mesmo, devem ser excluídos de qualquer possibilidade de participação na esfera pública (Arendt, 2012).

Outra característica imprescindível do totalitarismo é a existência de campos de concentração. Uma das motivações que levou Hannah Arendt a escrever sobre totalitarismos foi a desumana existência dos campos de concentração. Para ela, essa fábrica de produzir cadáveres era uma das experiências mais desumanas da Segunda Grande Guerra. Esses lugares seriam instituições centrais do Estado totalitário. Sobre o campo de concentração funda-se os principais valores do totalitarismo (Arendt, 2012).

Sabe-se que, antes mesmo dos totalitarismos, já havia campos de concentração. A novidade introduzida pelos regimes totalitários foi de que esses lugares foram concebidos para exterminar os indesejáveis, na medida em que pessoas teriam sua existência apagada. O campo de concentração era o lugar onde a degradação humana chegava a seu ápice via completa suspensão da norma e da lei. Por conta disso, há a morte total da personalidade jurídica do indivíduo, tendo em vista que ele está à margem da lei; direito penal, direito ao contraditório, ampla defesa são alguns dos princípios jurídicos totalmente suspensos no campo de concentração. A tortura e o assassinato são, então, práticas totalmente naturalizadas nesse ambiente mortífero. Essa destruição da personalidade jurídica é uma das formas mais eficazes de dominação humana, pois, se não há lei ou norma, o governante totalitário sente-se no direito e fazer o que bem entender com as vidas humanas. Ele as vê como objetos totalmente descartáveis; não há nenhum apreço pela vida humana. Desse modo, os campos de concentração eram vistos não apenas como um lugar de castigo ou de punição, mas de degradação total do ser humano (Arendt, 2012).

Além da morte da personalidade jurídica, o campo de concentração também procurava matar a pessoa moral do indivíduo. Os milhões de pessoas que eram enviados para esses lugares eram fadados ao total esquecimento; tiravam deles até mesmo a possibilidade de despedida e de luto. O corpo e as memórias deveriam ser exterminados. Percebe-se então que um dos principais objetivos dos campos de concentração era eliminar a identidade e a subjetividade dos indivíduos, tornando-os seres semelhantes aos mortos-vivos (Arendt, 2012).

Ao analisarmos essas características, percebemos que um dos princípios orientadores dos campos de concentração é a ideia de que ali tudo é possível, ou seja, não há limites. Essa é uma tendência muito forte dos totalitarismos. Acredita-se que o regime, na pessoa de seu líder maior, pode fazer o que quiser, pois estaria acima da própria lei, tendo, inclusive, poder para suspendê-la a qualquer momento.

Essas características totalitárias discutidas por Hanna Arendt ainda podem ser percebidas em nosso tempo. A ameaça totalitária não está restrita aos regimes do passado como o nazismo. Conforme vimos até aqui, inicialmente o totalitarismo se apresenta como uma solução aos problemas sociais ao prometer uma realidade que, no fundo, é imaginária.

5.3 O totalitarismo ou procedimentos totalitários na democracia

IMPORTANTE!
Quando analisamos totalitarismo do século XX, percebemos que eles nasceram em contexto de democracia. Dificilmente um regime totalitário se apresentará tirânico em seus primórdios, pois, como já vimos anteriormente, ele vende uma enganosa propaganda de um tipo de sociedade fictícia imaginária. Para fazermos uma relação entre procedimentos totalitários e democracia, é de suma importância entendermos o conceito de povo em Hannah Arendt.

De acordo com a filósofa alemã, **povo** é um conceito político que deve representar pessoas de todas as classes sociais.

> Povo é aquele conjunto populacional que busca possuir [...] uma representação no governo dentro de um sistema representativo. [...] o povo em Arendt é aquele grupo que, em suas revoluções e pressões por reformas, visa um sistema de fato representativo, busca fazer-se representar no parlamento. (Pires, 2020, p. 41)

Como fundamento dessa definição de *povo* está o sistema político moderno, que é caracterizado pela democracia, que, por sua vez, tem sua influência no pensamento de Locke e, principalmente, de Montesquieu (teoria da repartição dos poderes). Ainda dentro do conceito de povo, Arendt (2012, p. 129) viu três classes de indivíduos (o povo, a ralé e as massas):

> A ralé é fundamentalmente um grupo no qual são representados resíduos de todas as classes. É isso que torna tão fácil confundir a ralé com o povo, o qual também compreende todas as camadas sociais. Enquanto o povo, em todas as grandes revoluções, luta por

> um sistema realmente representativo, a ralé brada pelo homem forte, pelo grande líder. Porque a ralé odeia a sociedade da qual é excluída e odeia parlamento onde não é representada.

Objetivamente, *ralé* é aquele grupo de pessoas que é excluído pela sociedade. Tendo em vista que são invisibilizadas, não encontram representatividade no sistema democrático. Por esse motivo, devolvem esse menosprezo pelo sistema político e pelo parlamento. Por não se verem representados, os indivíduos que pertencem à ralé buscam associar-se em movimentos que lhe dão guarida e voz.

Já as massas constituem um conjunto de pessoas que não estão articuladas nem têm objetivos comuns. Uma de suas marcas seria a indiferença política, assim como a falta de interesse na participação em partidos políticos, organização de profissionais ou sindicatos.

> A relação entre a sociedade de classe dominada pela burguesia e as massas que emergiram no seu colapso não é a mesma entre a burguesia e a ralé, que era um subproduto de produção capitalista. As massas têm em comum com a ralé apenas uma característica, ou seja, ambas estão fora de qualquer ramificação social e representação política normal. As massas não herdam, como faz a ralé, os padrões de atitudes de classe dominante, mas refletem, e de certo modo pervertem, os padrões e atitudes de todas as classes em relação aos negócios públicos. Os padrões do homem da massa são determinados não apenas pela classe específica a qual antes pertenceu [sic], mas acima de tudo por influências e convicções gerais que são tácitas e silenciosamente compartilhadas por todas as classes da sociedade. (Arendt, 2012, p. 364)

Por que é importante saber essa diferenciação entre ralé e massas no pensamento de Hannah Arendt? É que, de acordo com a filósofa, a maioria das pessoas que eram recrutadas a participar dos movimentos totalitários pertenciam às massas, tendo em vista que eram constituídas de pessoas desamparadas e passivas. Essa realidade de um mundo ficcional e imaginário seria perfeitamente conveniente aos anseios das massas. Historicamente, tanto a ralé como as massas foram cooptadas por regimes que se tornariam totalitários. As massas foram chamadas para se engajarem nas eleições e votarem no líder com características totalitárias. Portanto, um líder com o viés totalitarista consegue identificar esse vazio e essa indiferença política na sociedade e remeter esses indivíduos a uma agenda política que almeja romper com a tradição (Arendt, 2012).

5.4 Religião e a arqueologia teológica do totalitarismo moderno

Quando analisamos a origem do totalitarismo moderno, percebemos a presença de algumas categorias religiosas que fundamentam a ideologia do poder totalitário. Para que possamos compreender como se dá a apropriação dessas categorias religiosas por Estados totalitários, é de suma importância que compreendamos também os conceitos de arqueologia teológica defendidos pelo filósofo italiano Giorgio Agamben.

Quando o Estado moderno excluiu as justificativas teológicas da soberania, o poder precisou encontrar outras instâncias, para além da transcendência, de modo que pudesse fundamentar sua legitimação. Essa ruptura gerou guerras, levantes populares e revoluções a fim de instaurar uma nova ordem política em que a soberania divina teria sido substituída pela soberania dos Estados nacionais. Era como se houvesse uma nova criação *ex nihilo* (criação a partir do nada) de uma nova ordem secular.

Fundamental no texto de Agamben (2012) é o termo *oikonomia* (administração da casa), de modo que o filósofo retoma os escritos de Padres da Igreja, como Tertuliano, Hipólito, Irineu e Clemente, a fim de relacionar *oikonomia* com *gestão, governo*. Todavia, para a doutrina da *oikonomia*, o governo de Deus no mundo não é de natureza ontológica, mas prática; pensamento contrário ao de Aristóteles, por exemplo, para o qual o motor imóvel que controla as esferas celestes está circunscrito numa relação de harmonia entre o ser a práxis. Quando os Padres da Igreja discutiram a doutrina da *oikonomia*, quiseram evitar o surgimento da pluralidade de divindades e, por conseguinte, o politeísmo, de modo que "a simples disposição da economia não significa de modo algum a separação da substância. O ser divino não é dividido porque a triplicidade de que falam os Padres se situa no plano da *oikonomia*, e não naquele da ontologia" (Agamben, 2012, p. 67). Portanto, a vontade livre de Deus, distinta de sua natureza, tornou-se um elemento central na teologia cristã; essa dissociação entre o ser e a práxis, principalmente após o Concílio de Niceia[1], gerou uma cristologia "anárquica".

A *oikonomia* teológica é a matriz da *oikonomia* na modernidade, pois as duas estão relacionadas com o governo da vida humana. Durante os primeiros séculos da teologia cristã, a *oikonomia* como administração da vida também se vinculou às questões sobre a liberdade humana e o plano de Deus. Desse modo, os primeiros teóricos da *oikonomia* inquiriram sobre as possiblidades de harmonizar a obra salvífica divina e a liberdade humana. A economia moderna derivou desse paradigma sua questão de como se deve governar as populações e, ao mesmo tempo, respeitar seus desejos. O resultado disso foi o surgimento da economia política, que preservou os princípios da teologia econômica de governo no mundo de Deus pelo Estado ou mercado. Com efeito, na economia política da modernidade é preciso saber administrar a vontade dos outros e dirigi-la a objetivos previamente estabelecidos (Agamben, 2012).

---

1   O Concílio de Nicea foi o primeiro concílio ecumênico da Igreja, em que foram debatidas as principais controvérsias doutrinárias do período, como a humanidade e a divindade de Jesus.

Para Agamben (2012), a economia política moderna se apropriou da noção de providência divina e traduziu isso na forma de técnicas de governo, a fim de harmonizar desejos humanos com as políticas voltadas com o controle das populações. "O resultado deste deslocamento foi a produção em grande escala de táticas utilitárias de fabricação de desejos, controle de condutas, normalização de comportamentos, padronização de subjetividades" (Both, 2009, p. 27). Desse modo, a economia se tornou o governo da vida.

Assim como Hannah Arendt, Agamben (2012) discute vida a partir de dois conceitos, conforme foram pensados pelos gregos: *zoe* e *bios*. A *zoe* é a vida biológica, como aquela compartilhada pelas plantas, animais e seres humanos. Ela está sujeita às leis da natureza, de modo que a vontade humana precisa estar adaptada às leis naturais. Em contrapartida, a *bios* está para além da mera adaptação à natureza. *Bios* é a vida das relações, das personalidades, dos valores, da cultura e de tudo aquilo que é construído por meio da ética e da política (Agamben, 2012).

Como já indicamos anteriormente, para Agamben (2012), a vida humana é o principal objetivo da economia teológica. Entretanto, o termo utilizado para a economia teológica é *zoe aionos*, que quer dizer "vida eterna". De acordo com Agamben (2012), *zoe aionos* tem relação com um tipo de vida governada pela vontade divina. Inclusive, a *oikonomia* desenvolvida pela teologia cristã a partir do IV século estaria relacionada com o conceito de *zoe aionos*. Essa concepção permanece até os dias atuais.

Em sua análise, Agamben (2012) destaca as relações entre paradigmas metafísico-teológicos e paradigmas políticos, que estariam interligados. Nesse momento, ele cita a fórmula de uma monarquia parlamentarista, em que o rei reina, mas não governa. Com efeito, os negócios do reino ficariam a cargo dos ministros do rei. Essa estrutura governamental seria uma herança gnóstica na política moderna, pois parte de conceitos gnósticos, como o de que o Deus bom reina, mas as forças demiúrgicas que governam na figura dos funcionários são más e, por isso, sempre erram. Nesse contexto político, cujos reinado e governo são constituídos de deuses, "o primeiro, definido como rei, é estranho ao mundo, transcendente e totalmente inoperante; o segundo, ao contrário, é ativo e ocupa-se do governo do mundo" (Agamben, 2012, p. 92).

Agamben faz essa discussão com Erik Peterson, o qual afirmou, em seu texto intitulado *Monoteísmo como problema político*, que a estrutura administrativa e o aparato burocrático pelos quais os soberanos fundamentam seu reino seriam paradigmas do governo divino no mundo (Agamben, 2012). E quanto ao "governo dos homens"? (Agamben, 2012, p. 175). Michel Foucault e principalmente Carl Schmitt viram no pastorado da Igreja católica o paradigma daquilo que seria o moderno conceito de governo (Agamben, 2012). Segundo Agamben (2012), Schmitt analisou o modelo nacional socialista alemão e afirmou que, nesse Estado, o povo é impolítico; fica à sombra das deliberações políticas, enquanto o partido e o líder controlam, decidem, mediante um paradigma pastoral-governamental.

Portanto, para Agamben (2012), existem assinaturas teológicas no Estado moderno, pois, mediante os arquétipos da Trindade, há correspondências entre a *oikonomia* divina e o governo do mundo; são imaginários teológicos na constituição de modelos políticos. O filósofo italiano também discute as possibilidades de se fazer distinção entre *reino* e *governo*, e para isso recorre ao tema teológico da criação. Nela, a divindade cria, mas sua criação prossegue por intermédio do governo das "criaturas criadas"; há, dessa forma, uma dupla articulação entre ação divina da criação (*creatio*) e conservação (*conservatio*) (Agamben, 2012). Desse modo, quem reina nem sempre governa. Esse paradigma teológico, que se desdobra em uma dupla estrutura, é uma das bases da máquina de governos do Ocidente.

A legitimidade do soberano precisa estar constituída pela *dignitas* e pela *administratio* (dignidade e administração), reino e governo (Agamben, 2012). Entretanto, reino e governo são separados entre si, pois o soberano pode ocupar seu cargo, mas não mais governar. Essa discussão também foi feita de modo mais detalhado por Agamben (2012) em seu texto *O mistério do mal*, no qual o autor discute as temáticas da legitimidade e da legalidade após a renúncia de Bento XVI. Para o filósofo italiano, governos na contemporaneidade, embora estejam salvaguardados pelo aparato e ordenamento jurídico, têm tido sua legitimidade questionada. Ele afirma que:

> Se é tão profunda e grave a crise que nossa sociedade está atravessando, é porque ela não só questiona a legalidade das instituições, mas também sua legitimidade; não só, como se repete muito frequentemente, as regras e as modalidades do exercício do poder, mas o próprio princípio que o fundamenta e o legitima. (Agamben, 2012, p. 10)

O método genealógico adotado por Agamben (2012) não discute a veracidade de narrativas teológicas, mas sim quais são os efeitos delas nas instituições e técnicas de governo do Estado moderno. Portanto, além da ideia de *zoe aionos*, ele analisa doutrinas cristãs, como a angelologia, a Trindade, a providência divina, a criação, a escatologia, entre outras. Para Agamben (2012), essas temáticas da teologia cristã estão na base das instituições de poder do Ocidente. Desse modo, podemos caracterizar o método de Agamben como arqueogeneanológico.

Em 1968, Hannah Arendt já vivia nos Estados Unidos e lá publicou um artigo intitulado *Religião e política*, no qual procurou fazer também uma arqueologia teológica da ideologia totalitarista (Agamben, 2012). Veremos no próximo tópico as características dessa arqueologia teológica.

5.5 A política, a religião e o totalitarismo

No texto *Religião e política*, Hannah Arendt (2012) discutiu os termos *religião secular* e *religião política*, termos esses que também foram discutidos por Eric Voegelin[2] e tinham como objetivo explicar como as ideologias totalitárias funcionam. Conforme já vimos anteriormente, a figura central do totalitarismo é o líder, para o qual são conferidas atribuições quase messiânicas. A propaganda totalitária reafirma de maneira reiterada que o líder é o único capaz de derrotar as forças contrárias e estabelecer um tipo de sociedade utópica e imaginária.

No período do nazismo, por várias vezes a figura de Adolf Hitler foi relacionada com a providência divina, ou seja, o *reich* (império) seria uma forma de Deus expressar a sua ação na história. A criação da Igreja Nacional do Reich ajudava a corroborar essa premissa teo-ideológica. Desse modo, o poder totalitário nazista tinha como premissa estrutural diversas categorias religiosas, como messianismo, purificação, para ficar em alguns exemplos. Quando o poder totalitário tem como justificativas premissas religiosas, ele está passando uma mensagem de que não pode ser questionado, pois seu projeto de domínio estaria sendo concretizado por meio de uma vontade divina (Arendt, 2012).

Uma categoria religiosa que, segundo Hannah Arendt (2012), teria sido apropriada pelo regime nazista é a noção de inferno. De acordo com a tradição cristã, o inferno é um lugar de punição e sofrimento. Aqueles que ali chegam estão condenados a permanecerem ali eternamente. Os santos e redimidos pela Cruz de Cristo estariam em um local diametralmente oposto, ou seja, o céu, que é caracterizado pelo descanso e pela felicidade eternos. No Estado

---

2   Voegelin foi um destacado filósofo alemão que procurou traçar fundamentos teológicos na constituição de Estados contemporâneos.

totalitário nazista, o campo de concentração assumia essa função punitiva do inferno, na medida em que eliminava todos os corpos indesejáveis (Arendt, 2012).

Arendt (2012, p. 591) faz uma relação entre inferno, purgatório e campos de concentração:

> Os três têm uma coisa em comum: as massas humanas que eles detêm são tratadas como se já não existissem, como se o que sucedesse com elas não pudesse interessar a ninguém, como se já estivesses mortas e algum espírito mau, tomado de alguma loucura, brincasse de suspendê-las por certo tempo entre a vida e a morte, antes de admiti-las na paz eterna.

Outra metáfora da morte personificada no campo de concentração seria a banalização do sofrimento e da morte; aqueles que lá estão mereceriam aquela condição, não cabendo nenhum tipo de luto ou lamento. Ao que parece, as massas do regime nazista estavam entorpecidas, na medida em que apoiavam o extermínio de judeus, negros, ciganos, entre outros grupos sociais. As premissas e justificativas religiosas que fundamentavam o Estado totalitário contribuíram para esse entorpecimento das mentes? Essa não é uma pergunta fácil de responder, mas os indícios apontam que sim (Arendt, 2012).

Nesse Estado teo-totalitário, Hitler se apropriou da categoria religiosa de *messias*, como aquele que conduziria a sociedade alemã a um suposto reino caracterizado pela prosperidade e justiça e sem a presença indesejável dos impuros. Entretanto, a realidade revelou que não se tratava de um reino de paz e prosperidade, mas sim uma máquina de morte com justificativas religiosas (Arendt, 2012).

É possível perceber até aqui como pode ser perigosa a união entre religião, política e totalitarismo. Alguns dos maiores perigos são: 1) o Estado totalitário se apropriar de categorias religiosas para fundamentar suas ações; 2) a religião estabelecer alianças com o Estado totalitário. No primeiro caso, o regime totalitarista perverte categorias teológicas como forma de manipulação e engano. Já no segundo caso, os religiosos absorvem os códigos teológicos implícitos na estrutura do totalitarismo, acreditando que o governo é imbuído de uma missão divina.

5.6 Como combater o totalitarismo

Combater o totalitarismo que já está implantado no Estado é uma tarefa dificílima. Tomemos como exemplo os dois totalitarismos já citados aqui: o comunismo soviético e o nazismo alemão. Apesar das inúmeras resistências, esses governos totalitários deixaram de existir após uma infinidade de sangue derramado. Por isso mesmo, preferimos falar aqui em combater a ameaça totalitária. Há muitos sinais que evidenciam que determinado país está flertando com ideais totalitários. Iremos aqui relembrar e elencar alguns desses sinais já estudados nos tópicos anteriores.

- **Propaganda enganosa e manipulação** – Uma das estratégias mais utilizadas por governos totalitários é o uso da propaganda enganosa e da manipulação. Conforme já visto anteriormente, diversos meios de comunicação são utilizados para vender a falsa ideia de que determinado governo é o único capaz de conduzir o povo a um lugar idealizado. Não há nada de errado com indivíduos ou partidos políticos semearem a esperança de um mundo melhor e mais igualitário. Não consideramos que a utopia seja algo maléfico ou prejudicial; muito pelo contrário, a utopia nos move no sentido de uma busca incessante de estabelecer uma sociedade em que reine a equidade, a justiça e a paz. Todavia, indivíduos e movimentos que flertam com o totalitarismo constroem e mantêm uma estrutura de constante difusão de mentiras. Portanto, o combate à ameaça totalitária precisa se dar também no campo da informação.

- **Líder ou governante com visão messiânica** – Vimos que, em regimes totalitários, o líder exerce uma função que extrapola a dimensão carismática. A máquina de manipulação atua no sentido de levar as pessoas a acreditarem que o governante é o único capaz de conduzir o país a esse lugar idealizado. De certa forma, é preciso profanar[3] essa concepção messiânica, pois a história testemunha que não existe nenhuma liderança política que seja capaz de implantar um tipo de Estado perfeito e sem nenhum tipo de contradição.
- **A educação das massas** – Vimos também que as massas são captadas pelo regime totalitário a fim de ser uma de suas sustentações políticas. Por isso mesmo, é de suma importância olhar para as massas, entender seus anseios, bem como oferecer a elas meios de educação política para que não sejam manipuladas.

E, por fim, defendemos que é o Estado totalitário que precisa ser profanado. Isso significa que as categorias religiosas que foram indevidamente apropriadas precisam ser expostas e denunciadas; não se pode naturalizar o inferno – banalização do sofrimento. Portanto, as justificativas teológicas do Estado totalitário precisam ser profanadas.

Síntese

Vimos neste capítulo as origens do totalitarismo por meio da traumática experiência do nazismo. Nosso grande referencial teórico foi a judia e filósofa Hannah Arendt (2012). Ela estudou tanto a origem como as principais características dos totalitarismos do século XX, muitos deles fundamentados em justificativas religiosas,

---

3   No sentido de trazer o sagrado para o cotidiano comum, esvaziar a concepção de suas dimensões míticas e religiosas.

como messianismo e purificação das raças. Além disso, vimos que a ameaça totalitária ainda é uma realidade em nosso tempo, e, por isso mesmo, é necessário sempre estar alertas na manutenção de uma esfera pública democrática e plural.

ATIVIDADES DE AUTOAVALIAÇÃO

1. Assinale a alternativa que apresenta a afirmação correta:
   a) Com forte influência agostiniana, a filósofa alemã Hannah Arendt (2012) afirma que a natureza humana está em risco.
   b) Em seu livro, Hannah Arendt (2012) procurou fazer uma descrição histórica das origens do marxismo.
   c) A democracia é um dos principais elementos do totalitarismo.
   d) O totalitarismo possui bases apenas seculares, não dialogando com premissas e categorias religiosas.
   e) O totalitarismo foi uma realidade presente apenas na Alemanha nazista.

2. Assinale a alternativa que apresenta a afirmação correta:
   a) Negros e ciganos tinham plena liberdade durante o regime nazista na Alemanha.
   b) O racismo é um dos elementos do totalitarismo.
   c) A supremacia racial não era uma das defesas do totalitarismo.
   d) Segundo Hannah Arendt (2012), os campos de concentração não podem ser interpretados por meio de categorias religiosas.
   e) O socialismo como uma construção ideológica de hierarquização de pessoas é um dos elementos mais fortes dos totalitarismos.

3. Assinale a alternativa que apresenta a afirmação **incorreta**:
   a) O antissemitismo foi um dos grandes responsáveis pelo surgimento do totalitarismo.
   b) Uma das influências do nazismo foi o racismo científico.

C] De acordo com Hannah Arendt (2012), o totalitarismo também se origina por meio de uma novidade radical, rompendo com a tradição e propondo uma descontinuidade.

D] Além do nazismo, Hannah Arendt (2012) também estudou o comunismo soviético para fundamentar sua teoria a respeito das origens dos totalitarismos.

E] O líder é uma figura de menor importância em regimes totalitários, pois a coletividade é responsável pela maioria das decisões políticas.

4. Assinale a alternativa que apresenta a afirmação **incorreta**:

A] Quando chegam ao poder, os governos totalitários nutrem forte apreço pela autoridade hierárquica.

B] Na Alemanha nazista, acreditava-se que Hitler era o único capaz de conduzir o país a uma realidade social que, no fundo, era imaginária.

C] Outra característica do totalitarismo tradicional é a necessidade de se eleger inimigos públicos.

D] Dentro de um Estado totalitário, todos aqueles que são vistos como um obstáculo à concretização das políticas governamentais precisam ser não apenas questionados, mas, sobretudo, eliminados.

E] Uma das motivações que levou Hannah Arendt a escrever sobre totalitarismos foi a desumana existência dos campos de concentração.

5. Assinale a alternativa que apresenta a afirmação **incorreta**:

A] Os totalitarismos do século XX nasceram em contexto de democracia.

B] Em Arendt (2012), *povo* é aquele grupo que, em suas revoluções e pressões por reformas, visa um sistema de fato representativo, busca fazer-se representar no parlamento.

c) De acordo com Arendt (2012), a ralé é um grupo no qual são representados resíduos de todas as classes.

d) De acordo com Arendt (2012), as massas constituem um conjunto de pessoas que estão articuladas e têm objetivos comuns.

e) De acordo com Arendt (2012), a maioria das pessoas que eram recrutadas a participar dos movimentos totalitários pertenciam às massas.

ATIVIDADES DE APRENDIZAGEM

Questões para reflexão

1. Em sua opinião, há riscos de novos regimes totalitários? Justifique.
2. Por que regimes totalitários usam de premissas religiosas para fundamentar suas ações?

Atividade aplicada: prática

1. Faça uma pesquisa e relacione todos os grupos de pessoas que foram perseguidos e assassinados pelo regime nazista.

DEMOCRACIA, ESPAÇO PÚBLICO E OS FUNDAMENTALISMOS RELIGIOSOS ATUAIS

Um dos fenômenos de maior destaque em nosso tempo é a presença da religião e do religioso na esfera pública. Neste derradeiro capítulo, vamos estudar os conceitos de esfera pública e suas relações com a religião. Para isso, veremos como a liberdade religiosa foi incorporada no ordenamento jurídico brasileiro ao longo dos anos, incluindo aí também o ensino religioso na grade curricular da educação. Veremos que tanto o proselitismo como o fundamentalismo religioso podem ser violentos e prejudiciais para o estabelecimento de uma sociedade harmônica e fraterna.

6.1 A presença da religião no espaço público

Iniciaremos este capítulo definindo o conceito de *esfera pública*; em seguida relacionaremos o termo com a religião.

Segundo Eneida Jacobsen (2011, p. 40):

> O conceito de esfera pública é oriundo do contexto europeu do século XVII, a partir de quando são registrados usos esporádicos do termo, sem que haja ainda um significado preciso. A partir do

final do século seguinte, o termo seria gradativamente empregado como um conceito do liberalismo político, relacionado à liberdade de expressão e de imprensa e à exigência tendencialmente universal do livre intercurso intelectual em todas as questões de interesse comum. Concomitantemente, surge a noção de esfera pública como o meio social no qual se desenvolve a vida pública de uma sociedade.

Em termos gerais, a esfera pública pode ser compreendida como um espaço de relações políticas no qual se discutem temas de interesse desse espaço, visando o bem comum. Trata-se de intercâmbios comunicativos provenientes de diferentes modos de vida. Assim, estamos abordando um espaço marcado pela democracia, de modo que as decisões são tomadas pelo povo e com o povo, ou seus representantes (Jacobsen, 2011).

> **PRESTE ATENÇÃO!**
>
> De acordo com a filósofa Hannah Arendt (2012), o termo *público* denota dois fenômenos intimamente correlatos, porém não completamente idênticos. Significa que tudo o que aparece em público pode ser visto e ouvido por todos e tem a maior divulgação possível, dessa forma, constitui-se a realidade. Em segundo lugar, o termo *público* significa o próprio mundo, na medida em que é comum a todos nós e diferente do lugar que privadamente possuímos nele (Arendt, 2012). Segundo Arendt (2012, p. 98), "a esfera pública é constituída onde e quando as pessoas atuam em conjunto visando o bem comum". Ainda, podemos dizer que, para Arendt (2012), a atividade política surge na medida em que as pessoas se relacionam em meio a sua pluralidade, articulando sua convivência. Há dois modelos de esfera pública que se destacam na modernidade: a representativa e a republicana (Mouffe, 2005).

Os teóricos da teoria liberal representativa defendem o fortalecimento do sistema de representação por meio de partidos políticos e que assegure a base real da democracia. Nesse sentido, defende-se a existência de uma esfera pública, contudo, com participação pública geral limitada e indireta. Entre os teóricos que exemplificam bem essa concepção, podemos mencionar John Stuart Mill (1806-1873) (Mouffe, 2005).

Essa tradição compartilha a suposição de que a autoridade última na sociedade fundamenta-se nos cidadãos. Os cidadãos precisam de agentes políticos que decidam e prestem contas a eles, todavia, esses cidadãos não precisam participar do debate sobre questões políticas (Aranha; Martins, 2003). Logo, parece partir do pressuposto de que os cidadãos comuns são mal informados, não apresentam interesse sério em assuntos públicos e, geralmente, são mal preparados para a participação política. Por isso, é desejável que os cidadãos sejam passivos e limitados em sua participação política. Sendo assim, o protagonismo na esfera pública e em uma democracia funcional será liderado pelos partidos.

A teoria republicana tende a priorizar o coletivo em detrimento do individual, a valorizar a *res publica*, isto é, a "coisa" pública. Entre os primeiros articuladores da teoria política republicana, podemos mencionar Nicolau Maquiavel e Jean-Jacques Rousseau. Suas raízes estendem-se às antigas repúblicas grega e romana, como desenvolvidas pelos filósofos Aristóteles e Cícero (Matteucci, 1997).

Maquiavel, por exemplo, defendia a proposta do governo misto como condição de manter a lei e a república. O governo do Estado deveria conter o príncipe, os aristocratas e o povo. Esse filósofo italiano considerava importante que as monarquias ou repúblicas fossem governadas pelas leis. Maquiavel também entendia ser o conflito inerente à atividade política e "que esta se faz justamente por meio da conciliação de interesses divergentes" (Aranha; Martins, 2003, p. 237). Segundo Aranha e Martins (2003, p. 237),

Maquiavel: "Reitera que o Estado deve criar mecanismos para que o povo expresse seus desejos, bem como estabelecer formas de controlar seus excessos".

No que diz respeito à esfera pública, temos de diferenciar *visibilidade pública da religião* de *presença pública da religião*. A visibilidade pública da religião parece se distinguir da presença pública da religião, no sentido de que nesta última os grupos religiosos têm incidência mais direta nas políticas de Estado; nela, os grupos religiosos discutem, elaboram e apresentam suas demandas. Esses referidos grupos têm uma atuação propositiva no sentido de corrigir injustiças sociais (Carvalho, 2019).

Vejamos a distinção desses dois conceitos.

De acordo com Moltmann (2006, p. 81), é preciso "colocar as coisas públicas (*res publica*) na luz do Reino vindouro e da Justiça de Deus" e os grupos religiosos não podem "esconder-se atrás dos silenciosos muros da igreja. Seu lugar é no meio dos campos de conflito do mundo". Para Habermas (1997), vivemos em uma sociedade pós-secular em que as religiões devem ser não apenas aceitas, mas também reconhecidas como instituições que exerçam funções positivas na sociedade.

Nessa sociedade pós-secular, o Estado tem interesse de permitir que as religiões atuem também na esfera pública, que aqui relacionamos com a política partidária. Nesse sentido, o Estado não pode restringir a participação dos grupos religiosos no espaço público. Todavia, para Habermas (1997), a linguagem religiosa na esfera pública deve ser traduzida numa linguagem universal e acessível, pois as verdades religiosas não devem influenciar as deliberações institucionais do Estado.

Chantal Mouffe (2005) acredita que a democracia moderna é como algo que vai além da forma de um governo. A cientista belga diz respeito a uma forma de organização resultado de duas articulações: na primeira, ela destaca o papel do Estado de direito, a separação de poderes e a garantia dos direitos individuais e coletivos; e na segunda, a tradição democrática popular. Sendo assim, o pluralismo, segundo Mouffe (2005), é um dos fundamentos da democracia moderna, na qual os indivíduos podem participar dos processos democráticos. Sendo assim, as diferenças e as diversidades promovem a construção das identidades nacionais, ao contrário da lógica de absolutização. Nesse cenário, a presença pública das religiões não atesta contra o princípio da laicidade do Estado, pelo contrário, ela pode fortalecer a democracia.

Boaventura de Souza Santos (2014) chama a atenção para o caráter constitutivo da religião na esfera pública. Para ele, é possível falar de uma teologia política, por meio da qual atores religiosos intervêm nos espaços sociais e políticos. Santos (2014) cita exemplos de incidência política das teologias latino-americanas e da teologia da libertação islâmica. Desse modo, o estudioso português faz críticas à divisão entre esfera pública e esfera privada, cuja cisão seria fruto do Iluminismo europeu.

A maneira como o Estado está estruturado e funciona favorece o tipo de atuação política de pentecostalismos e de outros grupos evangélicos. Além de uma presença das religiões no espaço público, podemos falar também de paradigmas teológicos que constituem o Estado na modernidade. Agamben (2012) é o grande defensor dessa tese. De acordo com o filósofo italiano, o Estado moderno é constituído em cima de bases mítico-teológicas. Ele propõe a genealogia de um paradigma que exerceu influência sobre o ordenamento da sociedade global. Segundo o autor, dois paradigmas políticos são derivados da teologia cristã: 1) a teologia política, em cujo fundamento está Deus em sua soberania e transcendência; e 2) a teologia econômica, que substitui a ideia da *oikonomia* (gestão, governo das coisas). "Do primeiro paradigma derivam a filosofia política e a teoria moderna da soberania; do segundo, a biopolítica moderna até o atual triunfo da economia e do governo sobre qualquer outro aspecto da vida social" (Agamben, 2012, p. 13).

Para tratar desses paradigmas, Agamben (2012) busca fundamentação em Carl Schmitt, para o qual as doutrinas que constituem o Estado moderno são conceitos teológicos secularizados. Ao contrário do que disse Max Weber (2004), o desencantamento do mundo não gerou uma desteologização dos processos sociais, pois, mesmo que esteja no subterrâneo das ideias políticas, a teologia ainda prossegue atuante no mundo. Sendo assim, tanto as esferas políticas como as econômicas teriam em sua estrutura e funcionalidade paradigmas teológicos. Tanto Walter Benjamin (2013) como Franz Hinkelammert (2012) fizeram análises semelhantes, na medida em que o capitalismo também estaria fundamentado em conceitos teológicos e, em razão disso, poderíamos classificá-lo como uma religião.

6.2 Religião e liberdade religiosa

Antes de falarmos sobre liberdade religiosa, é imperioso caracterizarmos a religião. Em primeiro lugar, é necessário ponderar que o termo *religião* tem origem em um contexto histórico específico. A origem do termo, tal como o concebemos, tem raízes profundas em uma cultura europeia marcadamente cristã, pertencendo, portanto, à história intelectual do Ocidente, de modo que, quando aplicado à outras culturas ou contextos históricos diferentes do que o de sua gestação, são encontrados grandes problemas relacionados ao termo (Crawford, 2005).

IMPORTANTE!

Etimologicamente, o termo *religião* tem raízes na palavra latina *religio*, que descreve a atuação com consideração ou a observância cuidadosa no serviço do culto. Para os romanos, o termo significa a exatidão ritual, o desempenho correto no ato religioso. Cícero (106 a.C.-43 a.C.) fez uso do termo para se referir à sequência correta nos atos de culto, no serviço de adoração a determinado deus ou deuses. No contexto histórico-cultural romano, portanto, *religio* refere-se à prática correta (ortopraxia), e não à crença correta (ortodoxia). Essa delimitação do termo não confere exatidão à sua interpretação (Crawford, 2005).

Agostinho (354-430), por sua vez, fez uso da definição de Lactâncio (séculos III a IV): derivou o termo de *religare* (ligar de novo, amarrar, ligar de volta) para descrever a *religio vera* (verdadeira religião), responsável por religar a alma que se desconectou de Deus. Esse é o sentido mais comum do termo *religião* entre os cristãos. Todavia, há exemplos do uso de *religio* no sentido de atuação correta. Quando o seu conteúdo se opõe à *superstitio* (superstição), não se refere a uma fé errada, mas a uma atuação errada, a um ato incorreto ou realizado de forma extravagante, sem legitimação ou autoridade (Crawford, 2005).

Com base nessas considerações, é possível perceber que o debate sobre a origem correta do termo *religio* "não é possível nos moldes de uma definição objetiva, 'dada', mas permanece vinculada a um contexto histórico-cultural específico" (Hock, 2010, p. 18).

No final do século XVI e início do século XVII, os pensadores humanistas passaram a utilizar o termo *religião* como sinônimo do que o senso comum entendia por *fé cristã* ou *confissão*. Já a partir da Reforma, o termo *religião* desempenhou uma função crítica em dois sentidos: 1) era utilizado em oposição à superstição e à magia; 2) era utilizado em oposição à atuação dos cultos da Igreja católica nos serviços divinos. Na época do Iluminismo, o termo passou a ser generalizado. Conceitualmente, a expressão *religião* estava por detrás de todas as religiões. Terminologicamente, o termo *religião* elevava-se acima da diversidade de religiões que povoavam o mundo (Crawford, 2005).

Durante os séculos XIX e XX, por conta da aliança entre o evolucionismo histórico e a compreensão de religião como termo singular que abarcava o todo, a expressão *religião* foi relacionada à justificativa da crítica ao cristianismo e sua pretensão de religião superior, assim como à sua exigência de ser considerado como crença absoluta com a suposição de que a religião passaria por um processo de desenvolvimento linear e, desse modo, estaria se movendo em direção a sua realização plena no mundo. O cristianismo enxergava a si mesmo como a forma religiosa superior mais civilizada e que, por isso, estaria mais perto desse ideal do que qualquer outra religião. Em suma, a religião era um ideal que estava presente nas demais religiões, mas de forma insuficiente, pois elas não haviam cumprido ainda o seu papel no processo evolutivo (Souza, 2016).

Em segundo lugar, não encontramos em outras culturas ou em outras épocas uma correspondência para o termo *religião*. Os termos mais aproximativos, como *eusebeia*, na Grécia Antiga, designam respeito e temor, mas não apenas aos deuses. Referem-se também a pessoas importantes e a objetos. *Latreia* – outro termo grego – que pode designar um serviço de culto, tem um sentido muito genérico e se refere a um serviço em um sentido mais geral e profano. *Threskeia* descreve um ato concreto: o cumprimento de um mandamento. Todos esses termos carregam algo em comum com o termo *religião*, porém eles vão muito além do sentido restritivo dado a este último (Souza, 2016).

A dificuldade aumenta quando avaliamos a correspondência do termo em contextos histórico-culturais fora do Ocidente. No ambiente islâmico, a palavra árabe *dîn* deriva da palavra semítica *dâna*, que significa, aproximadamente, "acertar algo", no sentido de pagar uma dívida, aquilo que se deve a Deus (Crawford, 2005).

Esse significado é estranho ao termo *religião* e, conforme alerta Souza (2016), uma série de restrições devem ser feitas à qualquer tentativa de comparação ou de correspondência entre os termos. No sânscrito, *dharma* significa "carregar", "segurar", no sentido de que os deuses seguram, mantém unido o universo. Na cultura hindu, o termo abrange a lei e a ordem de castas, colocando em evidência aspectos do sistema de ordenamento ritual e social. Nas tradições budistas, o termo é relacionado aos ensinamentos do Buda e está profundamente relacionado à existência. Em todos esses contextos histórico-culturais, os conceitos se distanciam em significado e abrangência do termo Ocidental (Souza, 2016).

A problemática se acentua ainda mais quando são consideradas outras culturas e regiões. Segundo Hock (2010, p. 22):

> Uma perda total de chão seguro há, por exemplo, no caso das religiões africanas ou oceânicas [o mesmo se pode dizer das culturas indígenas da América Latina, ignoradas pelo autor], onde geralmente não encontramos nada que se destaque como área parcial claramente distinguível de "religião" dentro do complexo geral da cultura. Não é de admirar que, antigamente, viajantes ou etnógrafos que se confrontaram com essas culturas julgaram ou que ali não haveria religião alguma ou concluíram que ali tudo era religião.

Segundo Souza (2016), o fato de o Ocidente não conseguir achar correspondências em outras culturas para o que se constituiu como religião em seu ambiente justifica a busca incessante por padrões e repetições que governam a vida religiosa da humanidade. Vale destacar, que esses "padrões" são buscados tendo como paradigma definidor a religião dominante ocidental, o cristianismo.

Quando Friedrich Max Müller sugeriu, em 1870, a criação de uma disciplina que estudasse exclusiva e exaustivamente a religião (Ciência da Religião), tinha como objetivo a busca por padrões e princípios que pudessem fornecer certa uniformidade a todas as religiões de todos os tempos e lugares. Para Müller, de modo semelhante ao que fazem os cientistas nas áreas biológicas ou químicas para explicarem a natureza,

> muito poderia ser ganho se os fatos, costumes, rituais e crenças que compunham as diversas religiões fossem investigados pelos métodos científicos para que houvesse desenvolvimento de teorias e comparações, a fim de se compreender a complexidade, o cerne e a natureza do fenômeno religioso e poder explicá-lo em termos estritamente racionais [...]. (Müller, citado por Souza, 2016, p. 19)

Uma vez encontrado esse elemento comum, o conceito de religião teria a exatidão que tanto buscavam os estudiosos do assunto. Os esforços para encontrar esse elemento eram aplicados em duas correntes distintas. A primeira (essencialista) buscava esse elemento nos conteúdos, em uma substância única, com a pretensão de alguns de se chegar à essência da religião, à sua natureza, ao que estaria na base de todas as religiões distintas. A outra corrente (funcionalista), abandonando a ideia de se buscar uma essência, perguntava por aquilo que as religiões fazem, isto é, quais são as funções das religiões e o que é singular entre essas funções (Souza, 2016).

Segundo Souza (2016, p. 20), para as compreensões essencialistas da religião, "muitas vezes 'Deus' é o elemento fundamental constitutivo das definições que se caracterizam assim, seja de forma mais concreta, ou mais abstrata (uma divindade, ou deuses no plural)". Tais compreensões seguem a proposta de Edward Burnett Tylor (2005), que partia da premissa de que não podemos simplesmente recorrer ao impulso natural e definir religião como a crença em Deus. Tal definição excluiria uma grande parcela da humanidade que é religiosa, mas crê em mais de um deus ou em outros deuses diferentes do deus cristão ou judeu. Tylor propõe, portanto, uma definição mínima de religião, que planifica um lugar comum de onde se possa partir: religião é a crença em seres espirituais (Souza, 2016). Contudo, surgiram muitas críticas a essa definição, apontando para o fato de que nem todas as religiões conhecem a concepção de deus ou deuses, tampouco a concepção de seres espirituais ou sobrenaturais, como o budismo, por exemplo. Buscando superar essa dificuldade, muitas outras concepções essencialistas se apegaram a eventos mais fundamentais ou objetos de religião. Na vertente da fenomenologia da religião, esse objeto primordial é o Sagrado. Rudolf Otto definiu o Sagrado como categoria fundamental pelo qual se capta a religião (Otto, 2010). Outras definições buscaram trabalhar com outro conceito para definir religião, como é o caso de "transcendência" e "experiência de transcendência" (Crawford, 2005, p. 68). Entretanto, as categorias de *sagrado* e *transcendência* não conseguem exprimir o que seria o objetivo primário de uma análise essencialista da religião: definir ou descrever o que é comum, o que é substancial a todas as religiões (Souza, 2016).

As definições funcionalistas, por sua vez, optam por uma análise não essencialista da religião, perguntando por aquilo que ela faz ou o que causa. Partem do princípio de que a religião responde a problemas humanos fundamentais e comuns (questões existenciais, dúvidas quanto ao sentido da vida etc.), e que tais problemas não podem ser solucionados tecnicamente. Em outras palavras, as definições funcionalistas caracterizam o ser humano como "uma essência que não se acomoda, mas transpõe as respostas e soluções tecnicistas [...]" (Souza, 2016, p. 21), descrevendo-o como um ser religioso e tipificando a religião como parte da condição humana (Souza, 2016).

Entretanto, conforme Souza (2016, p. 21), caso o funcionalismo resolvesse a problemática, "as respostas pelo empenho da religião seriam muito diversificadas, ficaríamos expostos a uma multiplicidade de definições funcionais, uma para cada um dos problemas humanos que não podem ser submetidos às soluções técnicas". Segundo Souza (2016), uma forma de solucionar essa dificuldade é limitando as definições funcionalistas ao âmbito social, perguntando pela função da religião diante da cultura em sua totalidade. A resposta para essa pergunta consiste na definição da religião como elemento integrador da sociedade.

Os principais representantes da concepção funcionalista da religião são o sociólogo Emile Durkheim (1858-1917) e o etnólogo Bronislaw Malinowski (1884-1942). Às teorias funcionalistas está vinculado um modelo harmonizador da cultura. Esse modelo pressupõe um funcionamento ideal da cultura em seus diferentes âmbitos (ciência, economia, direito, religião etc.), que se complementam mutuamente e de forma recíproca. Dentro desse conjunto, a função da religião é integrar as pessoas à sociedade, acomodá-las ao seu meio social e fazê-las agentes da harmonização (Souza, 2016).

Contudo, conforme Souza (2016), a definição funcionalista da religião ignora os acontecimentos históricos nos quais a religião atuou como agente de desestabilização, provocando a fragilização da harmonia social. Semelhantemente às teorias essencialistas, a definição funcionalista apresenta seus limites. Muitos autores criticam o fato de que essas teorias, na tentativa de responder à pergunta pelo empenho e pela função da religião, ignoram o conteúdo específico da religião e tornam esses elementos não religiosos (Souza, 2016).

Diante da impossibilidade de uma definição inequívoca de religião, propõe-se um conceito que seja aproximativo, que elenque critérios que permitam dizer aproximativamente o que se quer dizer com religião, mas sem se limitar a uma definição restritiva. As definições tradicionais são caracterizadas por selecionar o objeto de pesquisa de modo unidimensional. Isto é, diante da variedade de fatores que compõem o objeto, são selecionados determinados aspectos como fé, experiência, divindade, sistema de pensamento, ritual etc. Todavia, a religião compreende um conjunto de componentes. De modo que, uma definição precisa abarcar uma série de diferentes elementos, critérios e dimensões que, em conjunto, podem determinar o que é religião (Souza, 2016).

Nesse sentido, Hock (2010, p. 29) define religião como:

> Um construto científico que abrange todo um feixe de definições de caráter funcional de conteúdo, através do qual podem ser captados, como "religião", num esquema, elementos relacionados entre si e formas de expressão, como objeto e área de pesquisa científico-religiosa (e outra). Pertencem a esses elementos e formas, entre outros, dimensões de ética e da atuação social (normas e valores, padrões de comportamento, formas de vida), dimensões rituais (atos cúlticos e outros atos simbólicos), dimensões cognitivas e intelectuais (sistemas de doutrina e de fé, mitologias, cosmogonias etc., ou seja, todo o saber "religioso"), dimensões sociopolíticas e institucionais (formas de organização, direito, perícia religiosa etc.), dimensões simbólico-sensuais (sinais e símbolos, arte religiosa, música etc.) e dimensões da experiência (experiências de vocação e de revelação, sentimentos de união mística, experiências de cura e de salvação, experiência de comunidade e de unificação...).

Conforme Souza (2016), na definição de Hock (2010) encontramos um conceito aberto e que deixa para o segundo plano questões sobre a essência ou a funcionalidade da religião, possibilitando a articulação das duas propostas, sem que o objeto seja comprometido em sua abrangência como fenômeno da experiência humana real e concreta. Deixa espaço também para que o objeto seja avaliado cientificamente, por meio de métodos e linguagens científicas, com conteúdo e resultados distintos do próprio discurso religioso (Souza, 2016).

Depois dessa breve tentativa de definir religião, trataremos a seguir do percurso da liberdade religiosa diante do Estado laico brasileiro.

6.3 Religião e liberdade religiosa no Estado brasileiro

O Brasil, ao longo dos anos, já possui oito constituições, incluindo a Emenda Constitucional n. 1, de 10 de outubro de 1969 (Brasil, 1969). Faremos um mapeamento sobre a liberdade religiosa expressa nesses textos; porém, antes, faremos um mapeamento histórico sobre a história e o conceito de liberdade religiosa. A Declaração Universal dos Direitos Humanos de 1948 (ONU, 1948) afirma que todos os homens têm direitos de consciência e expressão religiosa livres – a isso chamamos de *liberdade religiosa*. A liberdade religiosa é um direito fundamental de primeira geração, que implica a livre agência do indivíduo em viver sem interferência do Estado e da maneira como lhe convir o seu sentimento religioso. Nas palavras dos professores J. J. Gomes Canotilho e Vital Moreira (2007, p. 609), tal direito é "a liberdade de adotar ou não uma religião, de escolher uma determinada religião, de fazer proselitismo num sentido ou noutro, de não ser prejudicado por qualquer posição ou atitude religiosa ou antirreligiosa.

Por mais que seja um direito adquirido tardiamente na história humana, segundo Harold Reimer (2013), a busca pela liberdade religiosa remete ao século II da Era Cristã, com um jurista e teólogo chamado Tertuliano na sua obra *Apologia*. Considerado um Pai da Igreja, Tertuliano reivindicou ao Império Romano o direito de culto aos cristãos, uma vez que eles resistiam às leis que obrigavam o culto ao imperador. A preocupação de Tertuliano era com a *libertae eclesiae*, isto é, a liberdade da Igreja diante do Estado Romano, com o seu culto politeísta oficial e suas restrições a expressões religiosas consideradas não lícitas, como era o caso do culto do cristão (Crawford, 2005).

Nesse período, destacaram-se as ideias de Santo Agostinho, do qual advêm grandes doutrinas do cristianismo. Com a derrocada do Império Romano do Ocidente e o surgimento do islamismo, o cristianismo recrudesceu seu discurso de legitimidade como a única religião correta, tendo nas cruzadas do século XII seu apogeu.

Apesar da falta de consenso entre as tradições religiosas, existem relatos de que judeus e mulçumanos conviveram pacificamente em Al Andaluz, na península ibérica árabe-mulçumana. Como já vimos anteriormente, a reforma protestante do século XVI trouxe significativos avanços no que tange à liberdade de culto e religião. Aportados em uma concepção de homem "libertária", vários reformadores, dentre eles o alemão Martinho Lutero, em seus escritos, versaram sobre a liberdade do indivíduo em relação ao Estado. No que diz respeito à liberdade religiosa no Brasil, é necessário entender que o país foi colonizado por uma nação católica, a saber, Portugal, o que implicava naturalmente a subserviência aos ditames legais da coroa lusitana (Canotilho; Moreira, 2007).

O acordo entre a Santa Sé e o Reino de Portugal ficou conhecido como *padroado*, o qual, dentre outras responsabilidades, dava à coroa portuguesa a responsabilidade de zelar e defender a fé católica nas terras conquistadas. Nessa época, Portugal pautava juridicamente suas decisões pelas Ordenações Afonsinas[1], que, em um dos seus cinco tomos, possuía um livro específico sobre questões religiosas. Nesse tomo, destacavam-se os privilégios da Igreja católica, bem como os procedimentos para com judeus e mulçumanos (Canotilho; Moreira, 2007).

O conjunto de reformas realizadas em 1521 por D. Manuel I ficou conhecido como *Ordenações Manuelinas*, o que em nada alterou

---

1   Uma coleção de leis que tinham como objetivo regular a vida doméstica dos súditos do Reino de Portugal em meados de 1446 (Canotilho; Moreira, 2007).

a concepção de liberdade religiosa na colônia e na metrópole, de igual modo as Ordenanças Filipinas, fruto da união ibérica em 1603. O padroado dava à Igreja católica a legitimidade religiosa no Brasil; somente ela possuía a liberdade de culto, as demais formas de espiritualidade e religião estavam sob vigilância constante – em casos suspeitos, realizavam-se os autos da fé – atos públicos que investigavam e puniam os hereges. No período colonial brasileiro, ocorreram as primeiras tentativas de implantação dos cultos protestantes, a primeira e mais fugaz em 1557, com os huguenotes franceses, no Rio de 28 janeiro, e a segunda e mais duradoura, a partir de 1624, com os holandeses no Nordeste. No ínterim em que os holandeses estiveram no Brasil, a capital do Estado de Pernambuco tornou-se um foco de tolerância religiosa, pois católicos, protestantes calvinistas e judeus conviviam de maneira pacífica; porém, os ideais holandeses não vingaram, uma vez que estes foram expulsos (Canotilho; Moreira, 2007).

Com relação aos cristãos-novos judaizantes (judeus convertidos ao cristianismo), segundo registros de Câmara Cascudo, esses "judaizantes" se reuniram em uma sinagoga improvisada, "para os lados de Camaragipe", já em meados do século XVI, para a celebração das grandes festas judaicas (Souza, 2016, p. 52).

A tolerância religiosa no Brasil holandês não representa um quadro homogêneo em toda a nação, que ainda percepcionava uma verdadeira ojeriza às formas religiosas dissidentes; como exemplo podemos citar a perseguição às religiões de matrizes africanas e aos demais sincretismos religiosos. Em 1808, a família real portuguesa chegou ao Brasil, devido à perseguição napoleônica, o que implicou a assinatura do acordo de livre comércio com a Inglaterra. Os ingleses residentes no Brasil ganharam o direito de culto, razão por que em 1810, surgiu no Brasil, na cidade do Rio de Janeiro, a primeira igreja não católica construída sem sofrer perseguições por parte dos detentores oficiais do poder (Canotilho; Moreira, 2007).

6.3.1 A religião na Constituição de 1824

Apesar da influência do Iluminismo entre os notáveis constituintes, preconizando a tripartição dos poderes conforme os preceitos de Montesquieu, a Igreja católica apostólica romana continuou gozando da prerrogativa de ser a Igreja do império, sendo as demais religiões apenas toleradas, como pontua o art. 5º da Constituição Política do Império do Brazil, de 25 de março de 1824 (Brasil, 1824). Em outros termos, vigoravam ainda os postulados do padroado: "Art. 5. A Religião Catholica Apostólica Romana continuará a ser a Religião do Império. Todas as outras Religiões serão permitidas com seu culto doméstico, ou particular em casas para isso destinadas, sem forma alguma exterior do Templo" (Brasil, 1824).

O imperador outorgou a Constituição em nome da Santíssima Trindade, e a ele coube a responsabilidade de ordenar os bispos; as despesas da Igreja continuaram a ser pagas com o erário público e somente cidadãos católicos poderiam votar. Apesar dos avanços, pode-se dizer que falar em liberdade religiosa no Brasil republicano seria temerário, uma vez que em "outras religiões" não estavam enquadradas as religiões indígenas e as de matrizes africanas. Um exemplo de intolerância religiosa na vigência da Constituição de 1824 é o crime de espiritismo, positivado no Código Penal, de 11 de outubro de 1890 (Brasil, 1890).

6.3.2 A religião na Constituição de 1891

Com a Proclamação da República em 1889, o Brasil avançou significativamente para a instauração da liberdade religiosa. Capitaneada por Rui Barbosa e Prudente de Morais, e diferente da Carta Magna de 1824, a nova Constituição foi promulgada, e não outorgada; e ainda, "a declaração de direitos individuais foi fortalecida, com acréscimo de importantes garantias, como o *habeas corpus*" (Paulo; Alexandrino, 2010, p. 27). A Constituição da República dos Estados

Unidos do Brasil, de 24 de fevereiro de 1891 (Brasil, 1891), estabeleceu o regime democrático, com maior autonomia aos Estados da Federação. No âmbito religioso, ficou estabelecido que todos os indivíduos da nação, brasileiros natos ou naturalizados, poderiam, sem interferência do Estado, manifestar publicamente sua religião. Mesmo sob a influência de alguns clérigos nos primeiros anos da República, o Brasil paulatinamente laicizou sua burocracia administrativa, a Igreja católica perdeu o direito de subvenção dos cofres públicos e foram criados por todo o Brasil cartórios civis.

6.3.3 A religião na Constituição de 1934

A Constituição da República dos Estados Unidos do Brasil, de 16 de julho de 1934 (Brasil, 134) teve como cenário a subida de Getúlio Vargas ao poder, apoiada por cafeicultores de São Paulo. A nova Carta Magna mantinha o federalismo, eliminando os senadores estaduais como forma de reforçar o domínio do executivo nacional. Foram inseridos no texto constitucional o direito de voto das mulheres, algo já garantido em 1932 por lei infraconstitucional, além de diversas leis no âmbito trabalhista, como salário-mínimo, jornada de trabalho de oito horas e proibição do trabalho infantil. No que diz respeito à liberdade religiosa, o texto constitucional trouxe novamente o uso de Deus em seu preâmbulo, diferentemente da Constituição de 1891, e possibilitou às Igrejas serem reconhecidas como pessoas jurídicas. Apesar de aspirar às ideias liberais, a liberdade religiosa limitava-se à manutenção da ordem pública, o que implicava diretamente as religiões de matrizes africanas que, em seus atos ritualísticos, utilizavam tambores e oferendas de animais. Conforme estabelecia o art. 133, inciso 5, da Constituição:

> É inviolável a liberdade de consciência e de crença e garantido o livre exercício dos cultos religiosos, desde que não contravenham à ordem pública e aos bons costumes. As associações

religiosas adquirem personalidade jurídica nos termos da lei civil. (Brasil, 1934)

Não raras vezes os cultos africanos foram enquadrados como contravenção penal. O texto incluía também, no art. 153, a introdução do ensino religioso nas escolas públicas, o que contrariou setores liberais que militavam por uma escola mais livre das tutelas religiosas.

6.3.4 A religião na Constituição de 1937

A Constituição de 1934 teve uma vigência extremamente curta, sendo substituída pela carta constitucional outorgada por Getúlio Vargas em 1937. Valendo do discurso de "refundar" o Brasil, por isso mesmo Estado Novo, e inspirada nos Governos de Franco e Salazar, a Constituição dos Estados Unidos do Brasil, de 10 de novembro de 1937 (Brasil, 1937) apresentava uma forte centralização do Poder Executivo. Inspirada ainda na constituição polonesa, o texto de 1937 também ficou conhecido como *Constituição Polaca*. A preocupação principal da constituição de 1937 estava voltada para a centralização do poder nas mãos do Poder Executivo, com temas como segurança nacional e defesa do Estado. A questão religiosa não teve muito destaque (Reimer, 2013).

Apesar da presença no dispositivo constitucional de um artigo que tratava diretamente da liberdade religiosa – a saber, art. 122 –, essa Constituição suprimiu da formulação dos direitos fundamentais a liberdade de consciência, da qual deriva a liberdade de crença.

6.3.5 A religião na Constituição de 1946

A Constituição dos Estados Unidos do Brasil, de 18 de setembro de 1946 (Brasil, 1946) foi marcada por significativos avanços, um texto construído a muitas mãos e com uma visão mais ampla sobre o processo político, com participação de sociólogos e comunistas, dentre os quais se destacaram Gilberto Freire e Gustavo Capanema (Reimer, 2013). A Constituição de 1946 resgatava a separação dos poderes nos moldes do texto de 1891, além de inserir novamente o direito fundamental de liberdade de consciência que se entrelaça com o direito de crença, assim como o direito à inviolabilidade do domicílio e ao sigilo de correspondência. Sobre a liberdade religiosa, o texto assinalou novamente a separação entre Igreja e Estado:

> Art. 31. À União, aos Estados, ao Distrito Federal e aos Municípios é vedado:
> I – criar distinções entre brasileiros ou preferências em favor de uns contra outros Estados ou Municípios;
> II – estabelecer ou subvencionar cultos religiosos, ou embaraçar-lhes o exercício;
> III – ter relação de aliança ou dependência com qualquer culto ou igreja, sem prejuízo da colaboração recíproca em prol do interesse coletivo; [...]. (Brasil, 1946)

Foi na Constituição de 1946 que, pela primeira vez, apareceu a vedação legal que impede o Estado de tributar sobre templos religiosos. A vigência dessa constituição foi curta, uma vez que em 1964 a democracia brasileira sofreu um golpe (Reimer, 2013).

6.3.6 A religião na Constituição de 1967

Entre os discursos de ordem, progresso e alguns regressos, entrou em vigor Constituição da República Federativa do Brasil, de 24 de janeiro de 1967 (Brasil, 1967), a quinta Constituição republicana do Brasil – com um teor extremamente autoritário e diversas vezes revisada por ementas, absorvendo elementos ditatoriais. As principais características da Constituição 1967 eram: a mudança do nome do Brasil para *República Federativa do Brasil*; além disso, o texto foi promulgado aprovado por um congresso conveniente, desfacelado por inúmeras cassações. Na vigência da Constituição de 1967, foram instaurados alguns Atos Institucionais, ou seja, intervenções diretas do governo sobre os textos constitucionais que colocavam sob suspeição diversos direitos fundamentais (Reimer, 2013).

A liberdade religiosa foi mantida no texto, bem como a proibição de o Estado supervisionar e manter aliança com estabelecimentos religiosos, salvo quando estivessem em questão motivos de segurança pública ou cooperação mútua. Vários setores da Igreja católica e de algumas Igrejas protestantes alinharam-se ao discurso dos militares; muitas igrejas protestantes sofreram cisão por discordância da ordem política (Reimer, 2013).

6.3.7 A religião na Constituição de 1988

O lento processo de redemocratização do Brasil culminou com a promulgação da Constituição da República Federativa do Brasil, de 5 de outubro de 1988 (Brasil, 1988), cognominada por Ulisses Guimarães de *Constituição Cidadã* (Reimer, 2013). O novo texto constitucional preconizou direitos fundamentais básicos, bem como a tripartição de poderes. No que diz respeito à relação entre o Estado e a religião, o art. 19 veda a total interferência estatal na esfera religiosa, permitindo a relação de cooperação mútua.

> Art. 19. É vedado à União, aos Estados, ao Distrito Federal e aos Municípios:
> I – Estabelecer cultos religiosos ou igrejas, subvencioná-los, embaraçar-lhes o funcionamento ou manter com eles, ou seus representantes relações de dependência ou aliança, ressalvada, na forma da lei, a colaboração de interesse público; [...]. (Brasil, 1988)

Podemos perceber que o texto se torna mais plural, por exemplo, com a indicação da expressão *cultos religiosos*, evidenciando assim a visão mais abrangente das religiões no Brasil. O texto constitucional de 1988 ainda manteve, no art. 150, a interdição ao Estado de tributar espaços religiosos – embora a tributação seja definida por lei complementar, cabe à Constituição impor seus limites.

O art. 5º da Constituição de 1988 expõe garantias e direitos fundamentais inerentes a todos os brasileiros, natos e naturalizados. Dentre os direitos e garantias encontrados nesse artigo, podemos citar o direito à vida, algo extremamente valioso, pois não são apenas as religiões que estão na vanguarda da vida humana – os dispositivos constitucionais são também responsáveis pela vida humana.

Nos incisos VI, VII e VIII do art. 5º, o texto da Constituição de 1988 lançou um olhar sobre o local da religião. No inciso VI é assegurada legalmente a inviolabilidade e a liberdade "de consciência e de crença, sendo assegurado o livre exercício dos cultos religiosos e garantida, na forma da lei, a proteção aos locais de culto e a suas liturgias" (Brasil, 1988); e no inciso VII "é assegurada, nos termos da lei, a prestação de assistência religiosa nas entidades civis e militares de internação coletiva" (Brasil, 1988). Já o inciso VIII assegura que

> VIII – ninguém será privado de direitos por motivo de crença religiosa ou de convicção filosófica ou política, salvo se as invocar para eximir-se de obrigação legal a todos imposta e recusar-se a cumprir prestação alternativa, fixada em lei. (Brasil, 1988)

Assim, é assegurado o direito de crença e de consciência, bem como a liberdade do exercício livre de culto de diferentes matrizes religiosas, desde que não extrapolem os limites impostos pelo Estado.

6.4 Ensino religioso e proselitismo

O ensino religioso no Brasil tem sido objeto de constante debate quanto à compreensão de sua natureza e de seu papel na escola.

Ainda hoje permanece uma visão equivocada de um tipo de ensino religioso confessional, e não um componente curricular integrante da formação básica do cidadão. Essa concepção confessional do ensino religioso no ambiente escolar é o resultado das históricas relações entre Estado e Igreja no Brasil.

Durante o período do Brasil Colônia, havia uma estreita relação entre Igreja, sociedade política e econômica e escola. Dessa forma, o ensino religioso era compreendido com uma catequese. Durante o Brasil Império, com a manutenção da religião católica como oficial, essa visão catequética do ensino religioso se manteve. Isso pode ser evidenciado na Constituição de 1824:

> Art. 5º A Religião Catholica Apostolica Romana continuará a ser a Religião do Imperio. Todas as outras Religiões serão permitidas com seu culto domestico, ou particular em casas para isso destinadas, sem fórma alguma exterior do Templo.
> [...]
> Art 179. A inviolabilidade dos Direitos Civis, e Politicos dos Cidadãos Brazileiros, que tem por base a liberdade, a segurança individual, e a propriedade, é garantida pela Constituição do Imperio, pela maneira seguinte:
> [...]
> V. Ninguem póde ser perseguido por motivo de Religião, uma vez que respeite a do Estado, e não offenda a Moral Publica. (Brasil, 1824)

Podemos perceber, então, que, durante o Brasil Império, predominou um ensino religioso católico. Em razão da Proclamação da República, em 1889, houve também a separação entre Estado e Igreja por influência dos ideais positivistas. Com isso, foram implantadas concepções de liberdade religiosa e de laicidade do ensino nas escolas públicas brasileiras. Isso pode ser evidenciado no próprio texto constitucional de 1891:

Art. 72. A Constituição assegura a brasileiros e a estrangeiros residentes no País a inviolabilidade dos direitos concernentes à liberdade, à segurança individual e à propriedade, nos termos seguintes:
[...]
§ 3º Todos os indivíduos e confissões religiosas podem exercer pública e livremente o seu culto, associando-se para esse fim e adquirindo bens, observadas as disposições do direito comum.
[...]
§ 6º Será leigo o ensino ministrado nos estabelecimentos públicos.
§ 7º Nenhum culto ou igreja gozará de subvenção oficial nem terá relações de dependência ou aliança com o Governo da União ou dos Estados.

Durante o período da Segunda República (1930 a 1937), o ensino religioso passou a ser admitido em caráter facultativo. Ele poderia ser ministrado de acordo com os princípios da confissão religiosa de cada aluno, manifestada pelos pais e responsáveis. Durante a década de 1930, um marco importante foi o Manifesto dos Pioneiros da Educação Nova, de 1932. Os membros desse manifesto fizeram a defesa da laicidade no ensino público (Klein; Brandenburg; Wachs, 2008).

A partir desse período, iniciou-se um intenso debate sobre concepções de educação e que incluía o ensino religioso nas escolas públicas do Brasil. A Constituição de 1946 manteve o mesmo princípio do texto constitucional de 1934, ou seja, a oferta de ensino religioso era obrigatória, porém a matrícula para o aluno era facultativa:

Art 168. A legislação do ensino adotará os seguintes princípios:
[...]
V – o ensino religioso constitui disciplina dos horários das escolas oficiais, é de matrícula facultativa e será ministrado de acordo com

a confissão religiosa do aluno, manifestada por ele, se for capaz, o pelo seu representante legal ou responsável; [...]. (Brasil, 1946)

A atual Lei de Diretrizes e Bases da Educação Nacional (LDBEN), Lei n. 9.394, de 20 de dezembro de 1996 (Brasil, 1996), assegurou o ensino religioso no ensino fundamental. Seu art. 33 afirma o seguinte:

> Art. 33. O ensino religioso, de matrícula facultativa, é parte integrante da formação básica do cidadão e constitui disciplina dos horários normais das escolas públicas de ensino fundamental, assegurado o respeito à diversidade cultural religiosa do Brasil, vedadas quaisquer formas de proselitismo. (Brasil, 1996)

Para que seja assegurado o Ensino Religioso como componente curricular na formação básica do cidadão, deve-se ter um olhar não apenas para a lei, mas para a formação dos professores. O arcabouço legal nacional não prevê nenhuma formação específica para professores de Ensino Religioso, o que causa grandes lacunas na formação desses profissionais. De acordo com Klein, Brandenburg e Wachs (2008, p. 48):

> Todos os caminhos e todas as alternativas de formação inicial e continuada de professores de Ensino Religioso são legítimos, importantes, válidos e necessários. Isso precisa ser reivindicado junto ao sistema de ensino para assegurar aos professores de Ensino Religioso condições com as demais áreas de conhecimento.

A falta de uma formação específica e continuada de professores de Ensino Religioso tem causado muitas dificuldades no dia a dia da ministração dessa disciplina em salas de aulas pelo Brasil.

Não poucas vezes tem sido confundido ensino religioso com proselitismo religioso, de modo a privilegiar a confissão religiosa. Essa é uma concepção de ensino religioso que está na mentalidade de professores e de gestores educacionais. Com isso, na tentativa de superação desse problema, algumas secretarias estaduais de educação têm procurado definir um objeto do ensino religioso. A Secretaria de Educação do Estado de São Paulo, por exemplo, prevê um ensino religioso voltado para a história das religiões; entretanto, essa não é a realidade na maioria das escolas do Brasil (Klein; Brandenburg; Wachs, 2008).

Um dos caminhos para superar a visão proselitista do ensino religioso é um tipo de ensino que privilegie a diversidade cultural religiosa brasileira. O Brasil é constituído de uma diversidade religiosa singular, muito embora ele seja predominantemente cristão. Essa perspectiva deve estar presente na formação inicial e continuada de professores, bem como nos livros didáticos de Ensino Religioso. O aluno precisa perceber que, embora ele tenha uma religião, a religião dele não é única e que as demais devem ser respeitadas. O sectarismo e o fundamentalismo são alguns dos grandes obstáculos à implantação de um ensino religioso relevante no Brasil. Em tempos de ódio e inimizade, o ensino religioso pode contribuir consideravelmente na formação de cidadãos, ao promover o respeito e a paz entre pessoas diferentes.

6.5 Fundamentalismo religioso e suas consequências

O termo *fundamentalismo* tem sido amplamente utilizado nas últimas décadas, tanto na mídia como nos meios acadêmicos, mas passou a fazer parte também do vocabulário do cotidiano. Se anteriormente era utilizado para se referir a grupos específicos, como os protestantes estadunidenses radicais e, posteriormente, o islamismo no estilo daquele adotado pelo Irã de Ruhollah Khomeini, seu uso pela mídia passou a designar vários movimentos e grupos com poucas características em comum, e sua popularização ganhou certa conotação negativa (Pierucci, 1992). Chamar alguém de *fundamentalista* hoje é quase uma ofensa. Tornou-se quase sinônimo de *intolerante, radical, intransigente*. Entretanto, em sua origem, no protestantismo estadunidense do final do século XIX e início do século XX, fundamentalista era aquele(a) que permanecia fiel aos imutáveis princípios da fé cristã. Ser fundamentalista, nesse sentido, era estar ao lado do que seria verdadeiro, puro e justo, em contraposição à infidelidade, pecaminosidade e ignorância do restante das pessoas.

Segundo Pierucci (1992), o termo *fundamentalista* foi criado em 1920 pelo pastor Curtis Lee Laws, editor do jornal *Wachman examiner*, significando as pessoas ou as igrejas comprometidas em defender a fé. Já Oro et al. (1996, p. 59) afirma que "o termo foi criado em 1895 numa conferência bíblica na Nicarágua". Com o passar do tempo, ao longo do século XX muitos grupos protestantes evitaram se autodenominar *fundamentalistas* por conta da conotação pejorativa que ganhou o termo. Diante disso, surgem algumas dificuldades metodológicas às pesquisas sobre religião na atualidade. É possível falar em *fundamentalismo* ou esse termo tornou-se por demais vago? Há algo em comum entre os diversos grupos chamados de *fundamentalistas* ou atribuir a eles essa designação é um tipo de generalização? Há realmente um fundamentalismo ou o mais adequado seria falar em *fundamentalismos*?

IMPORTANTE!

No estabelecimento de um conceito de fundamentalismo, a primeira coisa que deve ser observada é a necessidade de certa flexibilidade. É preciso ao mesmo tempo permitir que o conceito abarque a multiplicidade e variedade dos movimentos que podem ser compreendidos como fundamentalistas sem cair em um esvaziamento de sentido gerado por sua generalização. Assim, se quisermos utilizar esse conceito, precisaremos rejeitar um enquadramento muito rígido das características que compõem o movimento, de outra forma, só poderíamos chamar de *fundamentalismo* àquele movimento protestante radical que surgiu nos Estados Unidos no final do século IXX. Por outro lado, o conceito precisa ter um mínimo de homogeneidade, ou seja, é preciso questionar: O que há de comum entre os grupos chamados *fundamentalistas* que permite que sejam observados como parte de um mesmo fenômeno? (Oro et al., 1996).

A flexibilidade do conceito deve também ter em conta, além da variedade dos grupos fundamentalistas, a constante mutação à qual esses grupos estão submetidos. Como exemplificado anteriormente, aquilo que chamamos hoje de *fundamentalismo protestante* é muito diferente do fundamentalismo protestante em suas origens no fim do século IXX. Essas diferenças devem-se à própria reconfiguração do protestantismo, que teve como causas principais, dentre várias outras, sua expansão nos países de terceiro mundo, o crescimento do pentecostalismo, a exploração dos meios de comunicação etc. É curioso observar que, nas primeiras décadas do fundamentalismo protestante, havia um claro discurso antipentecostal; hoje, no entanto, muitas Igrejas pentecostais são vistas como parte do fundamentalismo protestante. Os grupos fundamentalistas passam por uma constante mutação, reconfiguram-se diante das novas demandas e devem ser compreendidos dentro desse processo (Oro et al., 1996).

Se, por um lado, é importante reconhecer o que há de comum na diversidade dos grupos fundamentalistas com a finalidade de estabelecer o conceito, por outro, é importante também reconhecer suas diferenças. Se o fundamentalismo protestante atual não é o mesmo que o fundamentalismo do fim do século IXX, também não é o mesmo que o fundamentalismo católico ou o fundamentalismo presente no judaísmo ultraortodoxo. Existem diferentes expressões fundamentalistas de acordo com as características do grupo religioso no qual ele se manifesta e com as possíveis formas como esses grupos respondem às crises da modernidade. Dessa forma, talvez faça mais sentido falarmos em *fundamentalismos* em vez do genérico *fundamentalismo* (Oro et al., 1996).

Alguns pesquisadores preferem utilizar, além de *fundamentalismos*, outras terminologias para classificar os vários movimentos ou grupos. Schlegel (2009), por exemplo, diferencia *fundamentalistas* de *integristas*. *Fundamentalismo* teria como principal característica a afirmação do fundamento escriturístico diante da crítica moderna, enquanto *integrismo* estaria mais relacionado à afirmação da tradição adiante da modernidade. Para esse autor, não se pode falar de *fundamentalismo católico* ou *fundamentalismo judeu*, mas de *integrismos*, enquanto o protestantismo seria fundamentalista. O islamismo seria um tipo que caberia nas duas classificações, pois, ao mesmo tempo que enfrenta a modernidade, afirmando sua tradição, aponta o Corão como fonte de modernidade. Pierucci (1992) aproxima-se dessa diferenciação entre fundamentalismo e integrismo, mas inclui o tradicionalismo, que seria o puro apego à tradição. No entanto, pensando na maneira de nomear os vários movimentos, ele afirma: "Não há, como se vê, encaixe perfeito da coisa nos nomes. Eles dizem de menos, por um lado, e dizem demais, por outro" (Pierucci, 1992, p. 155). O autor chega a essa conclusão ao perceber que os movimentos islâmicos radicais não podem ser classificados especificamente como fundamentalismos nem como integrismos.

Mas o retorno aos textos fundantes das religiões (Corão, Bíblia, Torá) não se trata de retornos a determinadas tradições? O que nos parece é que Pierucci, Schlegel, assim como aqueles que fazem a diferenciação entre fundamentalismo e integrismo com base nas ideias de retorno às fontes e retorno às tradições, não compreendem que os textos das religiões foram construídos no seio das tradições e por isso são partes delas. As religiões não têm origem em suas escrituras, mas o contrário. Além disso, os grupos que propõem um retorno às fontes o fazem a partir de determinada tradição. No protestantismo, por exemplo, a afirmação da ressurreição de Jesus como fato histórico não se dá somente porque está descrita em determinadas passagens da Bíblia, mas porque há uma tradição que legitima tal leitura. Sendo assim, levando em consideração a flexibilidade do conceito de fundamentalismos, podemos pensar no integrismo como uma expressão do fundamentalismo, especialmente no contexto católico romano.

A partir dessas considerações gerais sobre o conceito, surgem as seguintes perguntas: O que são os fundamentalismos? Que significado há quando se fala em *fundamentalismo* diante da diversidade que compõe a religiosidade das sociedades modernas? Há algo em comum entre esses grupos tão diversos de maneira que possamos situá-los como parte de algo maior?

A principal característica dos grupos fundamentalistas é sua relação com a modernidade. A modernidade é o chão do qual os fundamentalismos brotam. Essa relação, entretanto, acontece de maneira reativa e apropriadora, ou seja, os fundamentalismos, ao mesmo tempo que são uma reação à modernidade, apropriam-se de elementos desta, como as inovações tecnológicas, para se constituírem. Sendo assim, compreendemos os fundamentalismos aqui não por meio de seus conjuntos de doutrinas, de suas práticas ou da maneira como interpretam seus textos ou suas tradições, mas especialmente por sua pertença à modernidade

O importante filósofo português Miguel Baptista Pereira, em diálogo, sobretudo com a obra de Thomas Meyer, afirma que a modernidade é ambígua, pois se, por um lado, anuncia libertação, emancipação humana, abertura e aperfeiçoamento dos meios, por outro, gera solidão, abandono e afundamento de todos os fins (Pierucci, 1992). Essa ambiguidade é, de certa forma, uma quebra das promessas do Iluminismo no que concerne à solução dos dilemas humanos pela razão, que culminou na compreensão da razão como superior ao mito, ao símbolo e à religião, e na crença na certeza das ciências, pois as benesses vieram acompanhadas de prejuízos; as conquistas acentuaram crises que já estavam presentes na vida do homem e da mulher pré-modernos. Nesse sentido "o fundamentalismo é o oposto dialético do Iluminismo" (Pierucci, 1992, p. 208): se o iluminismo é a afirmação da modernidade como momento que se abre para a maioridade da humanidade, os fundamentalismos são fugas da modernidade pelo reconhecimento de suas mazelas.

Para Pierucci (1992, p. 211), "há uma dialética 'na' e 'da' modernidade. A modernidade é formada e desenvolvida por oposições". A dialética "na" modernidade é o processo interno, que a caracteriza, de afirmação e negação. Mas ela também é parte de um processo (dialética "da" modernidade) no qual sua oposição é essencialmente fundamentalista e ganha força em suas rupturas. Dessa forma, é possível afirmar que modernidade e fundamentalismos estão estreitamente ligados e que os fundamentalismos só podem ser compreendidos considerando essa ligação. É a própria dinâmica da modernidade que torna possíveis os fundamentalismos, os alimenta e é sua razão de ser.

Só é possível falar em *fundamentalismos* como parte de um fenômeno contemporâneo. Se aquilo que identifica os fundamentalismos diante de vários outros movimentos religiosos radicais, intransigentes e até mesmo violentos não são suas práticas, mas sua origem como reação e, ao mesmo tempo, apropriação da modernidade, não é possível falar de *fundamentalismos* na Antiguidade. Isso não quer dizer que não seja possível encontrar semelhanças entre fundamentalismos e vários grupos ao longo da história das religiões.

Para o teólogo Jürgen Moltmann (1992, p. 142), os "fundamentalismos não são reações diretas à modernidade, mas às crises que o mundo moderno provoca nas comunidades religiosas". Mas, de maneira mais objetiva, a que aspectos da modernidade reagem os fundamentalismos? Em seu livro *A lei de Deus contra a liberdade dos homens: integrismos e fundamentalismos*, Jean-Louis Schlegel (2009) apresenta seis características da modernidade e de que maneira elas estão ligadas ao surgimento dos grupos fundamentalistas. As características apresentadas por ele são: a autonomia, a democracia, a secularização, os direitos humanos, o desenvolvimento técnico e científico, a historicidade e a crise da razão. Elas estão relacionadas entre si, não sendo possível sempre identificar os limites entre uma e outra. Por exemplo, a ideia de secularização está diretamente relacionada à de democracia; ambas, por outro lado, são dependentes do ideal de autonomia. O importante nesse caso é compreender que o que chamamos de *modernidade* se manifesta de maneira mais concreta nessas características.

A noção de *autonomia* está relacionada, como o próprio termo indica, à desvinculação do indivíduo ou de qualquer norma que lhe seja externa. Kant, em resposta à pergunta: "o que é esclarecimento?", anuncia uma era na qual o indivíduo não poderia ser guiado por nada que não seja sua razão. Tal período é compreendido como uma "saída do homem da sua menoridade" (Kant et al., 2013, p. 11). *Menoridade,* nesse caso, significa a dependência de princípios e ideias que são externos, impostos ou simplesmente aceitos e que guiam a vida dos indivíduos ou grupos. Em outro texto, Kant chamou a aceitação desses princípios e ideias norteadores de *heteronomia* (Kant et al., 2013). Assim, mesmo que se reconheça hoje que o ideal de autonomia (pelo menos no sentido absoluto) não seja algo possível, especialmente por se reconhecer que somente a razão não é suficiente para guiar as ações humanas, a modernidade é marcada por ele. Se o homem e a mulher devem se guiar somente pela razão, as instituições religiosas e os princípios por ela apregoados perdem parte de sua força, as prescrições dos livros sagrados ou das tradições passam a ser balizados pelo crivo da razão, as narrativas que sustentam o imaginário religioso passam a ser compreendidas como pertencentes a um período inferior da história da humanidade – em suma, a religião perde a centralidade da vida, dando lugar à razão.

Para Schlegel (2009, p. 137), os fundamentalismos veem no ideal de autonomia, no sentido de compreensão da superioridade da razão, "uma soberba intolerável, uma usurpação dos direitos de Deus e a causa dos males que atingem as sociedades modernas". Ou seja, a modernidade é vista como instauração da impiedade, em que a criação usurpa a centralidade do Criador. Para os(as) fundamentalistas, isso gera um declínio da moral e dos costumes, o que tem como consequência a vingança Divina (ou a perda de sua benção e proteção) na forma de catástrofes, miséria, violência e sofrimento. Schlegel (2009, p. 96) ainda afirma que, "objetivamente, a crítica fundamentalista à autonomia do indivíduo tem duas frentes, a sociedade em geral, o que nos leva à questão da secularização", e, antes de tudo, seus próprios companheiros de fé, que de alguma maneira se mostram mais abertos à interação entre fé e razão.

Outra característica da modernidade é a democracia como modelo ideal de constituição dos Estados. É claro que o período moderno foi marcado pelo conflito entre o modelo democrático e outros modelos, mas foi marcado também pelo fim das monarquias e a abertura, em muitos países, da participação política de grupos historicamente marginalizados, como os membros das classes trabalhadoras e as mulheres. Mais recentemente, o fim da Guerra Fria foi propagandeado como uma vitória da democracia sobre o totalitarismo. Entretanto, como a própria noção de modernidade, a democracia ainda está presa a uma compreensão eurocêntrica de mundo e, por isso, está em constante conflito com outras culturas políticas.

Abderrahim Lamchichi (2001, p. 103-104) diz que "o cristianismo teve muita influência na invenção da moderna democracia na Europa, mesmo que para sua consolidação tivesse que enfrentar a oposição da Igreja", e, de maneira global, para se estabelecer, sempre dependeu da religião; por outro lado, nenhuma religião majoritária em algum país permitiu sem conflitos a abertura ao espírito democrático. Esse conflito entre democracia (herdeira cultural das religiões, especialmente do cristianismo) e as instituições religiosas está relacionado ao fato de que a primeira é essencialmente uma abertura ao pluralismo cultural, o que provoca, além de certo relativismo das crenças religiosas, perda de poder político das instituições religiosas.

Segundo Dubiel (1995, p. 18), "a pluralização cultural aponta para a vinculação entre fundamentalismo e modernidade". Ele cita a migração de irlandeses, italianos e judeus, católicos e luteranos para os Estados Unidos, bem como de negros do sul para outras regiões do país, o que gerou uma "experiência dramática de relatividade do meio social branco-anglo-saxão-de classe média, antes dominante" (Dubiel, 1995, p. 18) como elemento fundamental para o surgimento do fundamentalismo protestante.

6.6 Diálogo entre religião e Estado

Seria possível um diálogo entre religião e Estado sem, contudo, ferir os princípios da laicidade e sem favorecer o grupo religioso dominante? Um dos caminhos para a possibilidade desse diálogo seria os agentes religiosos absorverem em sua práxis um tipo de mentalidade que promova a cidadania e o bem comum.

Sob a ótica de Rudolf von Sinner (2011), *cidadania* tornou-se o conceito-chave da democracia brasileira a partir do anos 1990. O termo marca um *status* legal que se aplica, em maior grau, às cidadãs e aos cidadãos nacionais e, em menor grau, às estrangeiras e aos estrangeiros residentes no país. Denota, assim, uma identidade sociopolítica, isto é, inclui não apenas direitos e deveres, mas uma atitude cívica por parte das cidadãs e dos cidadãos em relação à sua condição individual e à condição de outros e outras, assim como o Estado, que está implicado no conceito (Sinner, 2011).

De acordo com Sinner (2011), na ausência de um trabalho sobre uma teoria mais bem elaborada relativa à cidadania em contexto brasileiro – embora muitos elementos esparsos possam ser encontrados nas literaturas especializadas –, muitos autores e autoras optam por seguir as três categorias propostas pelo sociólogo britânico Thomas Marshall, que são: os direitos civis, políticos e sociais. Nesse contexto, geralmente os autores e autoras brasileiros tendem a refletir sobre a cidadania buscando como foco questões ligadas aos direitos, à aplicação e à expansão da cidadania e, em um grau baixíssimo, às obrigações correspondentes (ou deveres) de cada membro do corpo social.

Entretanto, muitos autores e autoras brasileiros têm compreendido que a cidadania é mais do que apenas direitos e deveres em um Estado nacional. Ou seja, que a cidadania não pode ser reduzida ao cumprimento de leis. Sinner (2011), concordando com tal afirmação, destaca que: 1) a lei escrita não pode ter a si mesma como seu fundamento – ou seja, a lei – escrita – precisa estar embasada em algo que lhe é anterior, com o qual as pessoas, ao menos, concordam amplamente e se sentem comprometidas com ele; 2) a lei também precisa estar, efetivamente, disponível para as pessoas – isso inclui tanto a forma como ela é aplicada pelas autoridades instituídas para tal como a maneira pela qual é percebida pelos cidadãos e cidadãs; 3) "a cidadania é formada pelo discurso e pela prática na esfera pública" (Sinner, 2011, p. 23).

Entendendo que as Igrejas cristãs e as demais comunidades religiosas fazem parte da sociedade civil – afinal, elas estão inseridas em um corpo social –, e entendendo que a sociedade civil é a expressão institucionalizada da luta de cidadãos pela cidadania – e que a presença da sociedade civil é indicativa de uma cidadania democrática, ativa e participativa (e isso vai além do mero voto, embora o voto a incentive), Sinner (2011, p. 15) acrescenta que as "Igrejas cristãs e outras comunidades religiosas são, efetivamente, parte da sociedade civil e contribuem fomentando, de algum modo, a cidadania".

No cruzamento da importância pública das religiões com a força dos movimentos contra-hegemônicos na sociedade, em boa parte associados, direta ou indiretamente, a movimentos religiosos, reforça-se o interesse pelo pluralismo religioso entendido como valor e pelos esforços de diálogos inter-religiosos em seus diferentes níveis. A linha que costura as questões propostas se baseia na ideia de que o sistema econômico capitalista, com a sua lógica de acumulação irrestrita de capital em poucos grupos, gera formas degradantes e excludentes de vida, setores desprovidos das mínimas condições de existência e processos de dominação social em diferentes campos (Schweitzer, 2001). As fronteiras que dividem o referido quadro de realidade e as experiências religiosas são tênues, complexas e exigem melhores interpretações.

Um dos aspectos que mais tem interpelado a reflexão sobre as religiões nas primeiras duas décadas deste milênio é o papel delas nos esforços pelo estabelecimento da paz, da justiça e da sustentabilidade da vida e como se dá a relação entre elas e os sistemas econômicos. Diversos círculos de estudiosos da religião têm se debruçado no quadro sociorreligioso mundial para compreender os processos de abertura e de diálogo entre grupos de tradições religiosas distintas, em diversas frentes de ação, assim como os movimentos de enrijecimento das perspectivas religiosas, com o fortalecimento de formas de caráter fundamentalista, o aguçamento de conflitos e o reforço de culturas de violência.

De acordo com Ribeiro (2021), no Brasil, mesmo em meio às fragilidades comuns dos movimentos sociais e ecumênicos, surge a criação de redes inter-religiosas para ação conjunta em favor dos direitos humanos e da cidadania. Vivenciam-se também o reflorescimento das juventudes no contexto do movimento ecumênico – que é centenário –, a formação de novas lideranças e a presença cada vez mais diversificada de grupos religiosos distintos na esfera pública. Essa irrupção ecumênica pode e deve estar relacionada a um "ecumenismo confessional" (Ribeiro, 2021, p. 69), de tom mais eclesiástico ou oficial, mas permanece além, transpassando essas iniciativas mais doutrinais, construindo-se como outro espaço de espiritualidade e de incidência pública não tão associado às práticas institucionais, mas às ações pessoais e comunitárias. Crescem no país as redes e os fóruns inter-religiosos locais, regionais e nacionais que debatem temas sociais de interesse, como saúde, educação, paz com justiça, questões urbanas, ecológicas, sexualidade e aspectos que envolvem direitos. Entretanto, novas pesquisas precisam ser feitas para medir os impactos dessas iniciativas nos processos de manutenção ou aprofundamento da democracia.

No artigo intitulado *Teologia pública: um olhar global*, Sinner (2011) destaca a teologia trinitária como importante referência para uma teologia pública que visa à construção da cidadania. O autor identifica, como características de Deus como Trindade, a alteridade, a participação, a confiança e a coerência. Essas metáforas apresentam características fundamentais para que os seres humanos não só coexistam, mas interajam em comunhão.

A primeira característica-metáfora indicada por Sinner (2011) é a da alteridade. Vivemos em um contexto plural, e a pluralidade implica a diversidade. Comunidade em uma democracia é inimaginável sem o reconhecimento do outro, da diferença, da alteridade; sem o reconhecimento da singularidade de cada membro do corpo social. Por isso, é essencial o reconhecimento, a aceitação e a afirmação da alteridade, do diferente. Consoante Sinner (2011, p. 27): "Uma hermenêutica sensível ao outro é necessária para preservar a singularidade de cada pessoa e seu direito à diferença, inclusive à diferença religiosa". Da mesma forma como acontece com a teologia trinitária, em que se respeita o Mistério Divino como unidade na diferença, na hermenêutica do outro se preserva o mistério da identidade do outro e busca-se a compreensão que nunca será completa, pois o outro não pode se reduzir à compreensão que alguém possui dele (dela) (Sinner, 2011).

A segunda característica-metáfora é a da participação. Sinner entende que esse conceito é central para o discurso sobre a sociedade civil e a luta pela cidadania. Para Sinner (2011, p. 27): "Em termos de teologia trinitária, o aspecto da participação descreve bem a ideia de interpenetração, *perichoresis*".

A terceira característica-metáfora é a da confiança, conforme Sinner (2011). A teologia trinitária oferece bons motivos para a confiança na democracia. Como afirma Sinner (2011, p. 27): "Deus preserva a continuidade em meio a situações históricas diferentes, altamente ambíguas, em que ele manifesta a si mesmo, da forma mais central na cruz do Gólgota [...]". Essa confiança no poder conservador e criador de vida em situações históricas ambíguas empodera as pessoas a viverem e a lutarem por uma vida justa, mesmo entendendo que elas são pecadoras.

A quarta característica-metáfora, de acordo com Sinner (2011), é a da coerência. Para que o projeto de uma sociedade justa e democrática não seja absorvido como projeto de um grupo específico, de indivíduos supostamente privilegiados, ou como projeto de uma cristandade pela Igreja, é necessário coerência. Conforme Sinner (2011, p. 27): "Falando teologicamente, insistir em Deus como Trindade poderia ajudar a impedir mal-entendidos restritivos, como se Deus fosse só Espírito Santo e não também Filho, tornado humano em Jesus Cristo, e Pai, como criador". Desse modo, entender o projeto de construção de uma sociedade justa e democrática como projeto não restrito a grupos específicos – e entender e promover a unidade na pluralidade – pode ser uma importante contribuição de uma teologia pública baseada na teologia trinitária para a construção de uma cidadania.

Síntese

Neste capítulo, vimos os limites e as possibilidades da inserção da religião na esfera pública. O contexto democrático em que vivemos pressupõe uma participação ativa dos cidadãos nas decisões políticas, independentemente de raça, gênero ou credo religioso. Por isso, nosso ordenamento jurídico garante a liberdade religiosa. Além disso, vimos que o fundamentalismo religioso pode significar alguns problemas no espaço público, na medida em que considera ser o único detentor da verdade.

Atividades de autoavaliação

1. Assinale a alternativa que apresenta a afirmação correta:
   a) A esfera pública pode ser compreendida como um espaço de relações políticas.
   b) A esfera pública é constituída onde e quando as pessoas atuam em conjunto visando o benefício próprio.
   c) Os teóricos da teoria liberal representativa defendem o fortalecimento do sistema absolutista.
   d) A teoria republicana tende a priorizar o individual em detrimento do coletivo.
   e) Maquiavel defende a proposta do governo único como condição de manter a lei e a república.

2. Assinale a alternativa que apresenta a afirmação correta:
   A] Os principais representantes da concepção funcionalista da religião são o sociólogos Max Weber (1858-1917) e o etnólogo Karl Marx (1884-1942).
   B] Às teorias funcionalistas está vinculado um modelo harmonizador da política.
   C] A função da religião é dividir as pessoas na sociedade.
   D] A liberdade religiosa é um direito fundamental de terceira geração.
   E] Em 1808, a família real portuguesa chegou ao Brasil, devido à perseguição napoleônica, o que implicou a assinatura do acordo de livre comércio com a Inglaterra.

3. Assinale a alternativa que apresenta a afirmação **incorreta**:
   A] Apesar da influência do Iluminismo entre os notáveis constituintes, preconizando a tripartição dos poderes conforme os preceitos de Montesquieu, a Igreja católica apostólica romana continuou gozando da prerrogativa de ser a Igreja do império.
   B] Com a Proclamação da República em 1889, o Brasil avançou significativamente para a instauração da liberdade religiosa.
   C] A Constituição da República dos Estados Unidos do Brasil de 1891 estabeleceu o regime autocrático.
   D] Mesmo sob a influência de alguns clérigos nos primeiros anos da República, o Brasil paulatinamente laicizou sua burocracia administrativa, a Igreja católica perdeu o direito de subvenção dos cofres públicos e foram criados por todo o Brasil cartórios civis.
   E] A Constituição da República dos Estados Unidos do Brasil de 1934 teve como cenário a subida de Getúlio Vargas ao poder, apoiada por cafeicultores de São Paulo.

4. Assinale a alternativa que apresenta a afirmação **incorreta**:
   A) Ainda hoje permanece uma visão equivocada de um tipo de ensino religioso confessional, e não como um componente curricular integrante da formação básica do cidadão.
   B) Durante o período do Brasil Colônia, havia uma estreita relação entre Igreja, sociedade política e econômica e escola. Dessa forma, o ensino religioso era compreendido com uma catequese.
   C) Durante o Brasil Império, mesmo com a manutenção da religião católica como oficial, essa visão catequética do ensino religioso deu lugar a um tipo de ensino laico.
   D) Em razão da Proclamação da República, em 1889, houve também a separação entre Estado e Igreja, por influência dos ideais positivistas.
   E) Durante o período da Segunda República, o ensino religioso passou a ser admitido em caráter facultativo.

5. Assinale a alternativa que apresenta a afirmação **incorreta**:
   A) Um dos caminhos para superar a visão proselitista do ensino religioso é um tipo de ensino que privilegie a diversidade cultural religiosa brasileira.
   B) O sectarismo e o fundamentalismo são alguns dos grandes obstáculos à implantação de um ensino religioso relevante no Brasil.
   C) A principal característica dos grupos fundamentalistas é sua relação com a Antiguidade.
   D) O fundamentalismo religioso pode ser encontrado em várias religiões.
   E) O fundamentalismo religioso dificulta a elaboração de um currículo de ensino religioso mais respeitoso.

Atividades de aprendizagem

Questões para reflexão
1. Em sua opinião, há fundamentalismo religioso no Brasil?
2. Quais são as consequências do fundamentalismo no ensino religioso brasileiro?

Atividade aplicada: prática
1. Encontre uma matéria jornalística na internet que descreva as relações entre fundamentalismo e intolerância religiosa. Lembre-se de colocar a fonte do *site* consultado.

CONSIDERAÇÕES FINAIS

A religião de Israel teve as primeiras fagulhas no período patriarcal, passando pela organização religiosa no período pós-escravidão no Egito e pelo estabelecimento no período dos juízes e dos profetas. Seu amálgama com o cristianismo fez surgir toda uma concepção religiosa judaico-cristã que foi pensada e sistematizada por grandes teólogos, como Santo Agostinho e Tomás de Aquino. Reformadores como Martinho Lutero e João Calvino acreditavam que a teologia e a eclesiologia cristã estavam em crise e, por isso, era imperioso reformá-las. Esse episódio alterou completamente a configuração da cristandade, gerando inclusive guerras e conflitos armados, como a Revolução Gloriosa na Inglaterra.

Discussões sobre a extensão do poder estatal passaram pela reflexão teológica. Vimos, ao longo de nosso estudo, que pensadores liberais como Jonh Locke e Benjamin Constant trataram da teoria do Estado usando categorias sociológicas e religiosas. O mesmo aconteceu, de forma mais trágica, com os totalitarismos do século passado. Como é desolador saber que líderes totalitários como Hitler tentaram estabelecer relações entre seus atos desumanos e as categorias pertencentes à teologia cristã. Hannah Arendt chama-nos à reflexão de que a ameaça totalitária é uma realidade, sendo necessário o uso dos recursos (democráticos) para não deixar que o poder totalitário se estabeleça.

Aliás, um dos temas mais recorrentes de nosso estudo foi a democracia, que é muito mais do que votar. Democracia pressupõe participação política e o entedimento que o adversário político não é o inimigo; inclusive, no ambiente democrático, as minorias precisam ser ouvidas.

Uma chance de promover o respeito e a tolerância religiosa é por meio do ensino religioso nas escolas públicas e privadas. A escola é um espaço público privilegiado para que os educandos compreendam que o diferente não precisa ser odiado e eliminado, mas respeitado. Por isso, ensino religioso jamais pode ser um ato de proselitismo, mas de diálogo e alteridade.

Por fim, vimos que, para estabelecer uma relação harmônica entre religião e Estado, é necessário o entendimento de que o fundamentalismo religioso é o oposto dessa relação, na medida em que ele pode ser violento e desegregador. A religião, principalmente a de vertente evangélica, cresce de maneira significativa no Brasil, e cada vez mais haverá atores religiosos ocupando a cena pública. Que tal participação, como já nos referimos, seja caracterizada pelo respeito aos diferentes e totalmente desprovido das amarras do ódio, assim como Jesus ensinou.

REFERÊNCIAS

AGAMBEN, G. **Homo Sacer**: o poder soberano e a vida nua. Tradução de Henrique Burigo. 2. ed. Belo Horizonte: Ed. da UFMG, 2012.

AGOSTINHO, Santo. **Confissões**. Tradução de Maria Luiza Jardim Amarante. São Paulo: Paulus, 1984.

ARANHA, M. L. de A.; MARTINS, M. H. P. **Filosofando**: introdução à filosofia. 3. ed. São Paulo: Moderna, 2003.

ARENDT, H. **As origens do totalitarismo**. Tradução de Roberto Raposo. São Paulo: Companhia das Letras, 2012.

AVERROÍSMO. In: **Educalingo**. Disponível em: <https://educalingo.com/pt/dic-pt/averroismo>. Acesso em: 10 ago. 2022.

BAXTER, J. S. **Examinai as Escrituras**: Gênesis a Josué. Tradução de Neyd Siqueira. São Paulo: Vida Nova, 1992.

BENJAMIN, W. **O capitalismo como religião**. Tradução de Nélio Schneider. São Paulo: Boitempo, 2013.

BÍBLIA. Português. **Bíblia Sagrada**. Tradução de João Ferreira de Almeida, revista e corrigida. São Paulo: SBB, 1995.

BOBBIO, N. **Liberalismo e democracia**. Tradução de Aurélio Nogueira. São Paulo: Brasiliense, 1988.

BOTH, V. **Biopoder e direitos humanos**: estudos a partir de Michel Foucault. Passo Fundo: Ifibe, 2009.

BRASIL. Constituição (1824). **Coleção de Leis do Império do Brasil**, 1924, v. 1. Disponível em: <http://www.planalto.gov.br/ccivil_03/constituicao/constituicao24.htm>. Acesso em: 12 dez. 2022.

BRASIL. Constituição (1891). **Diário Oficial [da] República dos Estados Unidos do Brasil**, Rio de Janeiro, 24 fev. 1891. Disponível em: <http://www.planalto.gov.br/ccivil_03/constituicao/constituicao91.htm>. Acesso em: 24 jun. 2022.

BRASIL. Constituição (1934). **Diário Oficial [da] República dos Estados Unidos do Brasil**, Rio de Janeiro, 16 jul. 1934. Disponível em: <http://www.planalto.gov.br/ccivil_03/constituicao/constituicao34.htm>. Acesso em: 24 jun. 2022.

BRASIL. Constituição (1937). **Diário [da] República dos Estados Unidos do Brasil**, Rio de Janeiro, 10 nov. 1937. Disponível em: <https://www.planalto.gov.br/ccivil_03/constituicao/constituicao37.htm>. Acesso em: 12 dez. 2022.

BRASIL. Constituição (1946). **Diário [da] República dos Estados Unidos do Brasil**, Rio de Janeiro, 19 set. 1946. Disponível em: <https://www.planalto.gov.br/ccivil_03/Constituicao/Constituicao46.htm#:~:text=Art%20 1%C2%BA%20%2D%20Os%20Estados%20Unidos,%C3%A9%20a%20 Capital%20da%20Uni%C3%A3o.>. Acesso em: 12 dez. 2022.

BRASIL. Constituição (1967). **Diário Oficial da União**, Brasília, 24 jan. 1967. Disponível em: <http://www.planalto.gov.br/ccivil_03/constituicao/constituicao67.htm>. Acesso em: 24 jun. 2022.

BRASIL. Constituição (1967). Emenda Constitucional n. 1, de 17 de outubro de 1969. **Diário Oficial da União**, 20 out. 1969. Disponível em: <http://www.planalto.gov.br/ccivil_03/constituicao/emendas/emc_anterior1988/emc01-69.htm#:~:text=1%C2%BA.,em%20seu%20 nome%20%C3%A9%20exercido.>. Acesso em: 12 dez. 2022.

BRASIL. Constituição (1988). **Diário Oficial da União**, Brasília, 5 out. 1988. Disponível em: <http://www.planalto.gov.br/ccivil_03/constituicao/constituicao.htm>. Acesso em: 24 jun. 2022.

BRASIL. Decreto n. 847, de 11 de outubro de 1890. **Coleção de Leis do Brasil**, 1890. Disponível em: <https://www2.camara.leg.br/legin/fed/decret/1824-1899/decreto-847-11-outubro-1890-503086-publicacaooriginal-1-pe.html>. Acesso em: 24 jun. 2022.

BRASIL. Lei n. 9.394, de 20 de dezembro de 1996. **Diário Oficial da União**, 23 dez. 1996. Disponível em: <http://www.planalto.gov.br/ccivil_03/leis/l9394.htm>. Acesso em: 24 jun. 2022.

BROWN, R. **Entendendo o Antigo Testamento**: esboço, mensagem e aplicação de cada livro. Tradução de Hope Gordon Silva. São Paulo: Shedd, 2004.

CAIRNS, E. E. **O cristianismo através dos séculos**: uma breve história da igreja cristã. Tradução de Israel Belo de Azevedo. 2. ed. São Paulo: Vida Nova, 1995.

CALVINO, J. **Institutas da religião cristã**. Tradução de Valter Graciano Martins. São José dos Campos: Fiel, 2018.

CANOTILHO, J. J. G.; MOREIRA, V. **Constituição da República Portuguesa Anotada**. Coimbra: Coimbra; São Paulo: Revista dos Tribunais, 2007.

CARVALHO. O. L. **Pentecostalismo na esfera pública**: uma análise a partir do jornal Mensageiro da Paz. Joinville: Santorini, 2019.

CAZELLES, H. **História Política de Israel**: desde as origens até Alexandre Magno. Tradução de Cácio Gomes. 2. ed. São Paulo: Paulus, 1986.

CHAMPLIN, R. N. **Enciclopédia de Bíblia, teologia e filosofia**. 7. ed. São Paulo: Hagnos, 2004. 6 v.

CONSTANT, B. Da liberdade dos antigos comparada à dos modernos. Tradução Loura Silveira. **Filosofia Política**, Porto Alegre, n. 2, 1985.

CRAWFORD, R. **O que é religião?** Tradução de Gentil Avelino Titton. Petrópolis: Vozes, 2005.

DAHL, R. A. **Poliarquia**: participação e oposição. Tradução de Celso Mauro Paciornik. São Paulo: EdUSP, 2005.

DAHL, R. A. **Sobre a democracia**. Tradução de Beatriz Sidou. Brasília: Ed. da UnB, 2001.

DILLARD, R. B.; LONGMAN, T. **Introdução ao Antigo Testamento**. Tradução de Sueli da Silva Saraiva. São Paulo: Vida Nova, 2006.

DUBIEL, H. O fundamentalismo da modernidade. In: BONI, L. A. de. (Org.). **Fundamentalismo**. Porto Alegre: EdiPUCRS, 1995. p. 9-27.

ELLISEN, S. A. **Conheça melhor o Antigo Testamento**: um guia com esboços e gráficos explicativos dos primeiros 39 livros da Bíblia. Tradução de Emma Anders de Souza Lima. São Paulo: Vida, 2008.

FRAZÃO, D. **Montesquieu**. Disponível em: <https://www.ebiografia.com/montesquieu>. Acesso em: 8 ago. 2022.

GONZÁLEZ, J. L. **História ilustrada do cristianismo**: a era dos reformadores até a era inconclusa. Tradução de Itamir Neves de Souza et al. 2. ed. São Paulo: Vida Nova, 2011. v. 2.

HABERMAS, J. **Direito e democracia**: entre facticidade e validade. Tradução de Flávio Beno Siebeneichler. Rio de Janeiro: Tempo Brasileiro, 1997. v. 1.

HALLEY, H. H. **Manual bíblico de Halley**. Tradução de Gordon Chown. São Paulo: Vida, 2002.

HINKELAMMERT, F. **A maldição que pesa sobre a lei**: as raízes do pensamento crítico em Paulo de Tarso. São Paulo: Paulus, 2012.

HOCK, K. **Introdução à ciência da religião**. Tradução de Monika Ottermann. São Paulo: Loyola, 2010.

HOFF, P. **O Pentateuco**. Tradução de Luiz Aparecido Caruso. 2. ed. São Paulo: Vida, 1983.

HOUSE, P. R. **Teologia do Antigo Testamento**. Tradução de Sueli Silva Saraiva. São Paulo: Vida, 2005.

JACOBSEN, E. **A teologia ancorada no mundo da vida e dialogicamente situada na esfera pública**: uma contribuição ao debate contemporâneo sobre teologia pública. 150 f. Dissertação (Mestrado em Teologia) – Escola Superior de Teologia, São Leopoldo, 2011. Disponível em: <http://dspace.est.edu.br:8080/xmlui/bitstream/handle/BR-SlFE/214/jacobsen_e_tm240.PDF?sequence=1&isAllowed=y>. Acesso em: 24 jun. 2022.

KANT, I. et al. **O que é esclarecimento?** Tradução de Paulo Cesar Gil Ferreira. São Paulo: Via Verita, 2013.

KLEIN, R.; BRANDENBURG, L. E.; WACHS, M. C. (Org.). **Ensino religioso**: diversidade e identidade. São Leopoldo: Sinodal/EST/Capes, 2008.

LAMCHICHI, A. Fundamentalismos muçulmanos e direitos humanos. In: ACAT – Ação dos Cristão pela Abolição da Tortura. **Fundamentalismos, integrismos**: uma ameaça aos direitos humanos. São Paulo: Paulinas, 2001.

LINDBERG, C. **As Reformas na Europa**. Tradução de Luís Henrique Dreher e Luís Marcos Sander. São Leopoldo: Sinodal, 2001.

LOSCH, R. R. **Todos os personagens da Bíblia de A a Z**. São Paulo: Didática Paulista, 2008.

LUTERO, M. **Da liberdade do cristão**. Tradução de Erlon José Paschoal. São Paulo: Ed. da Unesp, 2010.

MACDONALD, W. **Comentário bíblico popular**: Antigo Testamento. Tradução de Alfred Poland et al. São Paulo: Mundo Cristão, 2010.

MATTEUCCI, N. **Lo Stato Moderno**: lessico e percorsi. Bolonha: Il Mulino, 1997.

MATTOS, A. N. de. **O livro urgente da política brasileira**: um guia para entender a política e o Estado no Brasil. 4. ed. [S.l.]: Politize, 2020.

McGRATH, A. E. **Teologia histórica**: uma introdução à história do pensamento cristão. Tradução de Susana Klassen. São Paulo: Cultura Cristã, 2007.

MESQUITA, A. **Benjamin Constant**. São Paulo: Ediouro, 2018.

MISES, L. von. **Liberalismo**. Tradução de Haydn Coutinho Pimenta. 2. ed. São Paulo: Instituto Ludwig von Mises Brasil, 2010.

MOLTMANN, J. A paixão de Cristo: por uma sociedade sem vítimas. **Cadernos IHU em Formação**, São Leopoldo, ano 2, n. 8, p. 78-82, 2006. Disponível em: <https://www.ihu.unisinos.br/images/stories/cadernos/formacao/008cadernosihuemformacao.pdf>. Acesso em: 12 dez. 2022.

MOLTMANN, J. Fundamentalismo e modernidade. **Concilium**, Petrópolis, n. 241, p. 141-148, maio 1992.

MORGENTHAU, H. J. **A política entre as nações**: a luta pelo poder e pela paz. Tradução de Oswaldo Biato. Brasília: Ed. da UNB; Imprensa Oficial do Estado de São Paulo; Ipri, 2003.

MOUFFE, C. **Religião, democracia e cidadania**. Recife: Massangana, 2005.

OLIVEIRA, Z. M. de. **Reforma ou Revolução Religiosa?** Uma acessível história do protestantismo. Recife: Kairós, 2010.

ONU – Organização das Nações Unidas. **Declaração Universal dos Direitos Humanos**. 1948. Disponível em: <https://declaracao1948.com.br/declaracao-universal/declaracao-direitos-humanos/?gclid=CjwKCAjwrZOXBhACEiwA0EoRD0JvavqRGmwak7Kjk2K5bQwBG6KaNK1YpGAE4S9VSOZzvpZx8dl9XxoCf8AQAvD_BwE>. Acesso em: 24 jun. 2022.

ORO, A. P. et al. (Org.). **A religião no espaço público**: atores e objetos. Rio de Janeiro: Terceiro Nome, 1996.

OTTO, R. **O sagrado**. Tradução de Walter O. Schulupp. São Leopoldo: Sinodal/ EST; Petrópolis: Vozes, 2010.

PAULO, V.; ALEXANDRINO, M. **Direito administrativo descomplicado**. 18. ed. São Paulo: Método, 2010.

PIERUCCI, A. F. **O desencantamento do mundo**: todos os passos do conceito em Max Weber. São Paulo: Editora 34, 1992.

PIRES, F. A. M. Hannah Arendt e o totalitarismo como forma de governo apoiada na ralé e nas massas. **Investigação Filosófica**, Macapá, v. 11, n. 1, p. 39-56, 2020. Disponível em: <https://periodicos.unifap.br/index.php/investigacaofilosofica/article/download/5547/pdf>. Acesso em: 24 jun. 2022.

PIVA, P. J. de L.; TAMIZARI, F. Benjamin Constant e a liberdade rousseauista. **Cadernos de Ética e Filosofia Política**, v. 16, p. 188-207, 2010. Disponível em: <https://www.revistas.usp.br/cefp/article/view/82601/85563>. Acesso em: 9 dez. 2022.

RANCIÈRE, J. **O ódio à democracia**. Tradução de Mariana Echalar. São Paulo: Boitempo, 2014.

REALE, G.; ANTISERI, D. **História da filosofia**: Antiguidade e Idade Média. 5. ed. São Paulo: Paulus, 1990. (Coleção Filosofia, v. 1).

REIMER, H. **Liberdade religiosa na história e nas Constituições do Brasil**. São Leopoldo: Oikos, 2013.

RIBEIRO, C. de O. **O princípio pluralista**. São Paulo: Loyola, 2021.

RICHARDS, L. **Comentário bíblico do professor**: um guia didático completo para ajudar no ensino das Escrituras Sagradas do Gênesis ao Apocalipse Tradução de Valdemar Kroker e Haroldo Janzen. São Paulo: Vida, 2004.

SANTOS, B. de S. **Se Deus fosse um ativista dos direitos humanos**. 2. ed. São Paulo: Cortez, 2014.

SCHLEGEL, J.-L. **A lei de Deus contra a liberdade dos homens**: integrismos e fundamentalismos. Tradução de Eduardo Brandão. São Paulo: M. Fontes, 2009.

SCHULTZ, S. J. **A história de Israel no Antigo Testamento**. São Paulo: Vida Nova, 1995.

SCHWEITZER, L. O fundamentalismo protestante. In: ACAT – Ação dos Cristão pela Abolição da Tortura. **Fundamentalismos, integrismos**: uma ameaça aos direitos humanos. São Paulo: Paulinas, 2001.

SHELLEY, B. L. **História do cristianismo ao alcance de todos**. São Paulo: Shedd, 2004.

SINNER, R. von. Teologia pública: um olhar global. In: SINNER, R. von; CAVALCANTE, R. (Org.). **Teologia pública**: em debate. São Leopoldo: Sinodal/EST, 2011. v. 1. p. 11-36.

SOUZA, J. de. **Religião, política e poder**: uma leitura a partir de um movimento pentecostal. Blumenau: EdiFurb, 2016.

SPROUL, R. C.; NICHOLS, S. J. (Org.). **O legado de Lutero**. Tradução de Elizabeth Gomes. São Paulo: Fiel, 2017.

STRECK, L. L.; MORAIS, J. L. B. de. **Ciência Política e Teoria do Estado**. 8. ed. Porto Alegre: Livraria do Advogado, 2014.

TURNER, D. D. **Introdução ao Velho Testamento**. São Paulo: Batista Regular, 2004.

TYLOR, E. B. A ciência da cultura [1871]. In: CASTRO, C. (Ed.). **Evolucionismo cultural**: textos de Morgan, Tylor e Frazer. Tradução de Maria Lúcia de Oliveira. São Paulo: J. Zahar, 2005. p. 31-45.

VIANA, R. **História do cristianismo no Ocidente**. Joinville: Santorini, 2020.

WEBER, M. **A ética protestante e o espírito do capitalismo**. Tradução de Marcos Mariani de Macedo. São Paulo: Companhia das Letras, 2004.

WIERSBE, W. W. **Pentateuco**: comentário bíblico expositivo. Tradução de Susana E. Klassen. Santo André: Geográfica, 2006. v. 1.

BIBLIOGRAFIA COMENTADA

ARENDT, H. **As origens do totalitarismo**. Tradução de Roberto Raposo. São Paulo: Companhia das Letras, 2012.
Essa é uma das mais importantes obras sobre totalitarismo escrita no século XX. A filósofa Hannah Arendt escreve com bastante perspicácia e profundidade sobre como nascem e são estruturados os regimes totalitários. Além disso, a obra é um alerta para os perigos e as possibilidades de ascensão de novos governos autoritários.

GONZÁLEZ, J. L. **Uma história do pensamento cristão**. Tradução de Paulo Arantes e Vanuza Helena Freire de Mattos. São Paulo: Cultura Cristã, 2004. v. 1: do início até o Concílio de Calcedônia.
Trata-se de uma obra que apresenta o desenvolvimento do pensamento cristão desde os tempos da Igreja Primitiva até as formulações teológicas do Concílio de Calcedônia, abrangendo, portanto, um período que vai do primeiro ao quinto século. É também uma obra panorâmica e introdutória, contendo nomes de destaque, principalmente aqueles que se relacionam com a patrística.

McGRATH, A. **Teologia histórica**: uma introdução à história do pensamento cristão. Tradução de Susana Klassen. São Paulo: Cultura Cristã, 2007.
Trata-se de uma obra introdutória em que se destaca a importância da história da teologia e seu lugar no estudo da teologia cristã como um todo, ao mesmo tempo que apresenta formas de estudá-la. Nessa obra há diversos casos de estudo de relevância em cada tópico que abre possibilidades de o leitor se aprofundar no debate de cada seção. A obra também contém glossários de

termos teológicos, fontes de citações e índices de nomes, palavras e frases.

MOLTMANN, J. Fundamentalismo e modernidade. **Concilium**, Petrópolis, n. 241, p. 141-148, maio 1992.

Moltmann é considerado um dos principiais teólogos protestantes. Nesse texto, o autor alemão faz uma análise do surgimento do fundamentalismo em paralelo com a modernidade. A tese central de Moltmann é a de que, ao mesmo tempo que o fundamentalismo se opõe à modernidade, ele absorve algumas características dela como, por exemplo, os avanços tecnológicos. Para o autor, o fundamentalismo é um dos principais obstáculos para uma sociedade mais harmoniosa.

MOUFFE, C. **Religião, democracia e cidadania**. Recife: Massangana, 2005.

Chantal Mouffe é leitura obrigatória para quem deseja entender o lugar da religião no espaço público. O sistema democrático contemporâneo tem como premissa a pluralidade de sujeitos que participam das decisões políticas. Logo, todas as pessoas têm direito à participação política, incluídas aí aquelas que pertencem a denominações religiosas. O dilema posto é em que medida a religião na esfera pública pode enfraquecer as nações de Estado laico.

RESPOSTAS

Capítulo 1

ATIVIDADES DE AUTOAVALIAÇÃO
1. c
2. d
3. a
4. b
5. e

ATIVIDADES DE APRENDIZAGEM

Questões para reflexão
1. Na resposta, espera-se que sejam discutidos o tema da obediência nas doutrinas religiosas, ou seja, aderir a determinada confissão de fé presume uma adesão automática aos dogmas?
2. Na resposta, espera-se uma reflexão sobre os perigos da institucionalização da fé em detrimento da essência da espiritualidade.

Atividade aplicada: prática
1. A resposta deve apontar quais foram as principais críticas de Amós e a quem elas foram direcionadas.

Capítulo 2

ATIVIDADES DE AUTOAVALIAÇÃO
1. d
2. c

3. a
4. e
5. b

ATIVIDADES DE APRENDIZAGEM

Questões para reflexão

1. Espera que, na resposta, sejam feitas reflexões sobre as constantes oposições entre filosofia e espiritualidade em espaços da religião cristã.
2. Espera-se que sejam elencadas possíveis relações entre a razão e a fé.

Atividade aplicada: prática

1. É importante fazer um breve perfil biográfico da mãe de Santo Agostinho e o papel exercido por ela na conversão desse destacado teólogo.

Capítulo 3

ATIVIDADES DE AUTOAVALIAÇÃO

1. d
2. b
3. b
4. a
5. d

ATIVIDADES DE APRENDIZAGEM

Questões para reflexão

1. Espera-se que, na resposta, sejam traçados princípios da Reforma Protestante que podem ser contextualizados em nosso tempo.

2. Nessa resposta, espera-se que seja identificado o ponto central que fundamenta a teologia reformada.

Atividade aplicada: prática

1. Na resposta, deve-se descrever aquelas teses de Lutero que tratam diretamente sobre as indulgências.

Capítulo 4

Atividades de autoavaliação

1. c
2. c
3. e
4. a
5. a

Atividades de aprendizagem

Questões para reflexão

1. Espera-se que a resposta contemple as principais características de um regime democrático e de direito.
2. A resposta precisa indicar os papéis da maioria e das minorias numa democracia.

Atividade aplicada: prática

1. Essa breve pesquisa deve descrever como eram as decisões na sociedade grega antiga e quem eram os cidadãos que poderiam participar das referidas decisões.

Capítulo 5

ATIVIDADES DE AUTOAVALIAÇÃO
1. a
2. b
3. e
4. a
5. d

ATIVIDADES DE APRENDIZAGEM

Questões para reflexão
1. Espera-se uma reflexão tendo como base o conteúdo estudado sobre ações totalitárias que podem estar presentes na sociedade.
2. A resposta deve analisar a instrumentalização da religião por parte de agentes políticos autoritários.

Atividade aplicada: prática
1. Espera-se que a breve pesquisa nomeie os grupos, além dos judeus, que foram perseguidos pelo regime nazista.

Capítulo 6

ATIVIDADES DE AUTOAVALIAÇÃO
1. a
2. e
3. c
4. c
5. c

Atividades de aprendizagem

Questões para reflexão
1. A resposta deve apresentar uma reflexão sobre as possibilidades de certos grupos religiosos terem assumido discursos e práticas fundamentalistas no Brasil.
2. Na resposta deve ser feita uma análise sobre quais seriam as consequências do fundamentalismo religioso em território brasileiro.

Atividade aplicada: prática
1. Deve-se selecionar uma matéria jornalística que retrate a intolerância religiosa sobre algum grupo religioso.

SOBRE O AUTOR

Osiel Lourenço de Carvalho é bacharel em História pela Universidade de Itaúna e mestre em Teologia pela Escola Superior de Teologia (EST), doutor em Ciências da Religião pela Universidade Metodista de São Paulo, com período sanduíche na Universidade Lusófona de Lisboa, e pós-doutor em História pela Universidade Federal do Paraná (UFPR). É professor colaborador do mestrado profissional em Teologia da Faculdade Teológica Sul Americana e avaliador do Instituto Nacional de Estudos e Pesquisas Educacionais Anísio Teixeira (Inep) para autorização de cursos de Teologia.

Os papéis utilizados neste livro, certificados por instituições ambientais competentes, são recicláveis, provenientes de fontes renováveis e, portanto, um meio responsável e natural de informação e conhecimento.

MISTO
Papel | Apoiando o manejo florestal responsável
FSC® C103535

Impressão: Reproset